The Correspondence of Arthur Schnitzler and Raoul Auernheimer with Raoul Auernheimer's Aphorisms

The Correspondence of Arthur Schnitzler and Raoul Auernheimer with Raoul Auernheimer's Aphorisms

EDITED BY DONALD G. DAVIAU AND JORUN B. JOHNS

UNC Studies in the Germanic Languages and Literatures
Number 73

Suggested citation: Daviau, Donald and Jorun B. Johns, editors. *The Correspondence of Arthur Schnitzler and Raoul Auernheimer with Raoul Auernheimer's Aphorisms*. Chapel Hill: University of North Carolina Press, 1972. DOI: https://doi.org/10.5149/9781469657387_Daviau

Library of Congress Cataloging-in-Publication Data
Names: Daviau, Donald G. and Johns, Jorun B.
Title: The correspondence of Arthur Schnitzler and Raoul Auernheimer with Raoul Auernheimer's Aphorisms / by Donald G. Daviau and Jorun B. Johns.
Other titles: University of North Carolina Studies in the Germanic Languages and Literatures ; no. 73.
Description: Chapel Hill : University of North Carolina Press, [1972]
Series: University of North Carolina Studies in the Germanic Languages and Literatures.
Identifiers: lccn 73150319 | ISBN 978-1-4696-5737-0 (pbk) | ISBN 978-1-4696-5738-7 (ebook)
Subjects: Schnitzler, Arthur, 1862-1931. | Schnitzler, Arthur, 1862 1931 — Correspondence. | Auernheimer, Raoul, 1876-1948 — Correspondence. | Aphorisms and apothegms.
Classification: LCC PT2638. N5Z543 1972 | DCC 832/ .8

The correspondence of Arthur Schnitzler and Raoul Auernheimer is presented as a chapter in the literary history of Austria at the turn of the century, generally recognized as one of the outstanding periods of Austrian literature. The Viennese circle of writers at this time included among others Arthur Schnitzler, Hugo von Hofmannsthal, Richard Beer-Hofmann, Hermann Bahr, Felix Salten, and Peter Altenberg, who were often referred to collectively as *Jung-Wien*, and such younger writers as Raoul Auernheimer and Stefan Zweig. These men were all united in varying degrees by personal friendship, by their mutual literary and cultural interests, as well as by similarities of social class, family background, education, and heritage. Because of the close personal ties that existed among these writers, knowledge of their lives and personal opinions provides valuable information for anyone attempting to understand this period. For these men were major contributors to the cultural and artistic renaissance that began in Austria during the 1890s. Their predominant role in the upsurge of the arts can be measured partly by the acceptance of their writings in their own time and to a greater degree by the humanistic tone that they stamped upon their generation.

Awareness of the personal relationships of these writers in their own day contributes to a more accurate understanding of the period by enabling one to achieve the perspective of the time. This approach of viewing literary personalities in contemporary terms is important to the literary and cultural historian, for only by means of such information can there be any attempt to arrive at a balanced assessment of the past. In the present instance this correspondence is particularly useful in providing a primary source of information concerning the general views and attitudes of Schnitzler and Auernheimer as well as furnishing a record of their candid evaluations of each other's works.

Despite the relatively small number of letters and the lengthy intervals between them — occasionally a year or more — the two men were very good friends. The continuity in the tone of the correspondence indicates that they saw each other regularly in the interim periods, obviating the need for writing. It is both evident and unfortunate that most discussions of important social issues and exchanges of artistic ideas took place orally. Nevertheless, the literary historian can be grateful for this correspondence as it exists, for these letters do add another facet to the evolving portrait of Schnitzler as man and writer and will help to create greater understanding of Auernheimer's role in the literary world of his day.

The importance of Schnitzler both for his literary contributions to his own time and for his enduring value as a writer of major significance is beyond dispute today. Auernheimer's situation is unfortunately quite the reverse. His literary career, which at its peak perhaps approached but never equalled that of Schnitzler in his own time, was brought to a virtual standstill in 1938 when Auernheimer was forced to emigrate to the United States, and he is practically forgotten today. By documenting this friendship with Schnitzler and establishing in some measure his importance as a critic and writer in his own day, it is hoped that Auernheimer's reputation can be restored to proper recognition. To enable the reader to obtain a first hand impression of Auernheimer's literary style as well as his range of interests and concerns, a selected number of his unpublished aphorisms have been included in this volume.

The letters of both men have been arranged chronologically. In each instance the text has been reproduced exactly as the correspondents wrote it. Variations that occur, therefore, in the letterhead, manner of dating, and signature reflect the inconsistencies of the originals. The abbreviation "u." has been changed to "und", and proper names which are indicated by initials have been spelled out in square brackets, for example, W[assermann]. All other emendations that are editorially supplied are indicated by square brackets. For the most part the orthography has been retained in its original form, and occurrences such as *Doctor, Director, Manuscript,* and *thun* have been retained. Irregularities of punctuation have also been left unedited. Where underlined words or phrases occur in the letters, it is indicated by spacing the material in question.

Auernheimer's letters that served as the basis for this edition are all handwritten originals, generally written on paper with a printed letterhead in the format that we have reproduced. Of Schnitzler's letters, thirteen were handwritten originals, five were typewritten originals, and the remainder typewritten copies. The typewritten letters regularly employ "ss" in place of "ß", a feature that has been normalized in our manuscript, since Schnitzler always uses "ß" in his handwritten letters.

The editors of this volume express their gratitude and thanks to Dr. Heinrich Schnitzler, who generously gave permission to publish the letters of Arthur Schnitzler, and to Mrs. Clara (Auernheimer) Fellner for permission to publish the letters and aphorisms of Raoul Auernheimer. We would also like to acknowledge the cooperation of the Vienna *Stadtbibliothek* for making available the letters of Schnitzler in its possession. Particularly we wish to thank Dr. Karl Gladt, *Senatsrat* and Director of the *Handschriftenabteilung* of the *Stadtbibliothek* for his assistance in deciphering a number of almost illegible words. In this connection we are also grateful for the contributions of Dr. Herbert Klauser of Vienna and Dr. Günther Rimbach of the University of California at Riverside. To Dr. Ada Schmidt we are indebted for her careful reading of the manuscript and for numerous beneficial suggestions. Finally, we would like to acknowledge the cooperation of the International Arthur Schnitzler Association, which provided us with a microfilm of the Schnitzler letters. We wish particularly to thank the President of the Association, Dr. Robert O. Weiss, both for his helpfulness and encouragement.

CONTENTS

PART I

THE CORRESPONDENCE OF
ARTHUR SCHNITZLER AND
RAOUL AUERNHEIMER

INTRODUCTION

In his autobiography *Das Wirtshaus zur verlorenen Zeit* (1948) Auernheimer presented an eloquent and heartfelt tribute to the importance of Schnitzler's friendship in his life:

> Meine persönliche Beziehung zu Schnitzler gehört zum Besten, was mir das Leben gegönnt hat. Jeder Brief von ihm, jeder seiner Besuche, die sich in gemessenen Abständen ereigneten, jedes Gespräch, jedes Zusammentreffen oder Beisammensein sind mir ein unverlierbarer Besitz. Als er 50 wurde, durfte ich ihm mit gutem Gewissen schreiben: 'Ich könnte nicht drei Schriftsteller nennen, denen ich so viel zu danken hätte wie Ihnen, und nicht einen, dem ich, was ich ihm verdanke, lieber verdankte.'[1]

The tone and content of all of Auernheimer's letters and *Feuilletons* clearly show that this acknowledgement was neither empty flattery nor nostalgic reminiscence. On the contrary, it represents a deeply felt, sincere conviction that he maintained steadfastly throughout the twenty-five years or more of their relationship, which extended from approximately 1906 to Schnitzler's death in 1931. Since Auernheimer by nature was not readily given to exaggeration or uncritical praise, his enormous esteem for Schnitzler, whom he regarded most highly of the entire group of Viennese writers, is all the more noteworthy.

Schnitzler in turn respected Auernheimer, and on the occasion of the latter's fiftieth birthday similarly expressed his friendship. He also stressed his appreciation of Auernheimer as an individual and his gratitude for the many kindnesses the latter had shown to him over the years:

> Lieber Raoul Auernheimer — ich hoffe Sie wissen, wie hoch meine Schätzung ist — nicht nur für das viele Vortreffliche, das der Dichter und Kritiker geleistet und geschaffen hat, sondern auch für das, was Sie abgesehen von all dem Einzelnen 'Geleisteten' s i n d, und wie ich zu

---

[1] Raoul Auernheimer, *Das Wirtshaus zur verlorenen Zeit* (Wien, 1948), pp. 91-92. Henceforth to be cited as *Wirtshaus*. See also letter 24.

fühlen glaube, von Jahr zu Jahr in höherem Maße geworden sind, der überlegene, vornehme Mensch, der als Schriftsteller wie als Weltmann Haltung und Geist so schön zu vereinen weiß. Und lassen Sie mich heute auch ganz persönlich danken für die Freundschaft, die Sie mir bei manchem Anlaß (und auch ohne jeden), entgegengebracht und bewiesen haben — und lassen Sie mich die Hoffnung aussprechen, daß wir einander für die restlichen 36-50 bleiben werden, was wir einander im Laufe der Zeit geworden sind: Freunde.[2]

This exchange of letters establishes the general tone as well as the character of the personal friendship and professional relationship between two writers of prominence during the first three decades of the twentieth century in Vienna. Auernheimer, who was fourteen years younger and less famous than Schnitzler and who regarded the latter as older and wiser than himself,[3] expressed his feelings of esteem openly and freely ("ich verehre Sie nun einmal, ich kann mir nicht helfen"[4]), while Schnitzler was generally more reserved. Despite the length of the friendship, the two men in their letters adhered to the formal practice customary at the time and never addressed each other with the informal *Du*. The entire correspondence conveys an atmosphere of polite, mutual respect. The tone, while not stiffly or coldly formal, is also never completely casual, probably because of the absence of humor or banter, as is found for example in the correspondence between Schnitzler and Hofmannsthal.

The letters of Auernheimer and Schnitzler are almost totally devoted to professional matters and contain little direct information of a personal nature. The correspondence mainly concerns initial reactions to each other's works as they are published. While the comments are often limited to polite expressions of acknowledgement, particularly in Schnitzler's case, occasionally they penetrate beneath the surface in an instructive manner, as, for example, in letters 62 and 63, discussing Schnitzler's book, *Der Geist im Wort und der Geist in der Tat* and in letters 66 and 67 concerning Schnitzler's narrative work *Therese*. Regrettably, there is very little discussion of mutual friends or their works and only infrequent references to controversial public issues of the time.

Since Auernheimer has been neglected by literary scholarship,[5] a brief

---

[2] See letter 60.

[3] *Wirtshaus*, p. 142.

[4] See letter 5.

[5] The most extensive treatment of Auernheimer's life and works to date is contained in the article "Raoul Auernheimer — In Memoriam" by D. G. Daviau in *Modern Austrian Literature*, (Winter 1970), 7-21. Other briefer accounts of Auernheimer are to be found in Nagl-Zeidler-Castle, *Deutsch-österreichische Literaturgeschichte*, Vol.

survey of his life and career will provide a context for the discussion and letters to follow. Born in the Austrian capital in 1876, Raoul Auernheimer considered himself a genuine son of Vienna ("Wiener Kind"), a heritage of which he was very proud. Through his mother, who was Hungarian, he was distantly related to the well-known journalist and Zionist leader Theodor Herzl.[6] Like his father, who was German, Auernheimer was raised as a Protestant. He received his Doctor of Law degree at the University of Vienna but never practiced his profession. Instead, inspired by the popular success of his first works, he decided to make his career as a writer.

Since, however, few men of that generation managed to earn a living from literary works alone, Auernheimer followed the model of his illustrious cousin Herzl, who worked as the Paris correspondent for the *Neue Freie Presse* in Vienna, and joined this newspaper as a writer of *Feuilletons*. In 1908, Auernheimer succeeded the retiring Hugo Wittmann as the *Burgtheater* critic and continued in this capacity until 1933, when he voluntarily resigned in protest against what he termed "certain fascist leanings of the newspaper."[7] Nevertheless, he continued to contribute occasional *Feuilletons* to the *Neue Freie Presse* as well as to the *Baseler National-Zeitung*, with which he had been connected since 1920 and continued to write for until 1948.

Following the German annexation of Austria in 1938, Auernheimer was arrested and imprisoned in Dachau, in his opinion because of his connection with the Austrian P.E.N. Club.[8] Through the intercession of

4 (Wien, 1937), pp. 1737-1739; Harry Zohn, *Wiener Juden in der deutschen Literatur* (Tel Aviv, 1964), pp. 49-50, and Ernst Lothar, *Das Wunder des Überlebens* (Wien, 1960), pp. 162-165.

6 According to Auernheimer, his mother and Herzl's mother were cousins. *Wirtshaus*, p. 33. In a *Feuilleton*, "Begegnung mit Herzl," *Neue Freie Presse*, 31 March 1929, p. 1, he also refers to Herzl as a cousin of his mother. Throughout his discussion in *Wirtshaus* he uses the term cousin (*Vetter*). The single reference to Herzl as a nephew of his mother must therefore be in error. *Wirtshaus*, p. 33.

7 This statement, which seems rather surprising in view of the fact that the *Neue Freie Presse* was Jewish owned, is taken from an unpublished résumé of Auernheimer's life, presumably written by himself. The document is in my possession. D. G. D.

8 Auernheimer describes the scene which led to his arrest in *Wirtshaus*, p. 226:
"Erste Frage: 'Sie sind Jude!'
Antwort: 'Mein Vater war Arier!'
Zweite Frage: 'Sie sind Freimaurer!'
Antwort: 'Nie gewesen!'
Dritte Frage: 'Sie sind Präsident des Pen-Club!'
Antwort: 'Das war ich — vor zwölf Jahren!'
Das schien ihm [the interrogator] Freude zu machen, und noch näherrückend, schrie er mir triumphierend ins Gesicht: 'Sie sind Schriftsteller!' "

the German writer, Emil Ludwig, and Prentiss Gilbert, the American Attaché in Berlin, he was released after five months and permitted to emigrate to the United States. Auernheimer felt also that a French news report about his death may have contributed to saving his life.[9]

In America, Auernheimer lived at first in New York and finally settled in Oakland, California where he became an American citizen in 1944. He died in 1948 without ever revisiting his beloved Vienna, where his last two books, a psychological biography of Franz Grillparzer and his autobiography *Das Wirtshaus zur verlorenen Zeit* were published shortly after his death.

Throughout his successful career as a journalist, Auernheimer continued to write comedies, *Novellen,* and novels in the manner of Schnitzler. His works enjoyed considerable success in their own day as attested by the number of reprintings, and a number of volumes were translated into a total of seven languages. His amusing comedies were performed in hundreds of theaters in Austria and Germany. However, cut off from his natural audience between 1938 and 1948, Auernheimer's reputation suffered. For despite a promising beginning with his biography, *Prince Metternich, Statesman and Lover,*[10] he was unable to establish himself as a writer in America. His death at the age of seventy-two from a chronic heart condition brought an end to his career just when it appeared that he might possibly regain his Austrian audience, following the end of the war.

Because he lacked sufficient opportunity to revitalize his name in Austria and Germany, time has treated Auernheimer more harshly than he deserves. While Schnitzler's fame has constantly increased in the years since his death and his works have recently been reprinted in a new five-volume collected edition, *Gesammelte Werke* (Frankfurt am Main, 1961, 1962, 1967), Auernheimer's name has faded, and all of his works are now out of print. Thus, the reputations of the two friends have moved in

---

However, in an unpublished but signed statement Auernheimer presents a different reason for his arrest: "My last book to be published in Austria (1937) was entitled *Vienna — Image and Destiny.* I was imprudent enough to send an autographed copy to Chancellor Schuschnigg 'under the impression of his great (anti-Nazi) speech,' for which I had to pay after the annexation of Austria with five months at Dachau." This document is in my posesssion. D. G. D.

[9] *Wirtshaus*, p. 243.

[10] The critic Lloyd W. Eshleman, despite some reservations, stated: "...the book is by far the most readable, and in some respects the most intellectually exciting, biography of Metternich that has thus far appeared in English." *The New York Times Book Review*, 8 December 1940, p. 5.

diametrically opposed directions, although among their contemporaries, Auernheimer was possibly as well known as Schnitzler.

The contrasting fates of these men reflect the basic difference between the journalist who writes specifically for his own day and the poet (in the German sense of *Dichter*) who dedicates himself to fundamental human and social problems. For despite their differences in approach, Auernheimer held most of his basic beliefs and attitudes in common with Schnitzler, the writer to whom he is most frequently compared and whose influence he freely acknowledges (see letter 24). Both men shared similar humanistic values and were dedicated to the cultural improvement of the society in which they lived. Both were rationalists whose works centered around ideas, and both were in a sense realistic rather than symbolic writers in the manner of Hofmannsthal. Although the journalist in Auernheimer generally predominates over the writer — the qualitative difference between himself and Schnitzler — he was nevertheless a prose writer of superior ability. Such works as *Laurenz Hallers Praterfahrt, Der Leichenbestatter von Ebenbrunn*, and *Evarist und Leander* can compare favorably with the narrative accomplishments of his generation.

The primary source of information about the friendship of Auernheimer and Schnitzler in addition to the accompanying letters is Auernheimer's autobiography, *Das Wirtshaus zur verlorenen Zeit*, and particularly his *Feuilletons* on Schnitzler. Auernheimer's attitude of admiration and respect remains consistent throughout all sources. The letters which contain Auernheimer's first impressions of Schnitzler's works differ only in scope and depth from the carefully thought out analyses and evaluations in the *Feuilletons*. In both instances, Auernheimer gives freely of his praise but at the same time always mentions any reservations that he feels are appropriate.

Unfortunately, there is no mention of Auernheimer in any of the primary Schnitzler materials presently available, which probably explains why this friendship has been overlooked by scholarship to date.[11] Possibly, Schnitzler's unpublished diaries, when they become available, may provide additional information concerning his friendship with Auernheimer.[12]

---

11 The work by Gerhard Neumann and Jutta Miller, *Der Nachlaß Arthur Schnitzlers* (München, 1969) contains eleven references to Auernheimer, chiefly to the letters presented here. Richard Allen, *An Annotated Arthur Schnitzler Bibliography* (Chapel Hill, 1966) lists only six references to Auernheimer.

12 We have written to Professor Heinrich Schnitzler on this point. He replied that since the diaries are not indexed, it is impossible to locate such information without reading the entire manuscript. Eventually a microfilm of the diaries will be made available to scholars at Marbach. The early autobiography, Arthur Schnitzler, *Jugend*

However, it would be surprising, given Schnitzler's character, to find any commentary in the diaries that will contradict the impressions conveyed by the letters. Rather, such additional material, if it exists at all, is expected to reenforce rather than alter the presentation of the friendship being offered here.

According to Auernheimer's autobiography, he first met Schnitzler in 1906, when the latter, after reading a one-act play by Auernheimer, conveyed to the young author through an intermediary his enjoyment of the work. In response to Auernheimer's letter,[13] in which he acknowledged being a follower of Schnitzler's school, the latter presented his visiting card. Auernheimer, thus encouraged, arranged to call on Schnitzler (see letter 1), and the friendship was struck.[14] At this time Schnitzler was forty-four years old and an established literary personality, while Auernheimer at thirty stood at the beginning of his career both as journalist and writer.

Auernheimer makes a special point of mentioning that when Schnitzler approached him, he did not have the slightest contact with literary criticism.[15] In fact, he had just begun to write and, although he had achieved modest success with his early works, he was still, as he candidly called himself: "Ein ganz junges Küken der Literatur."[16] Auernheimer feels that if he had held the position as theater critic for the *Neue Freie Presse*, Schnitzler would hardly have taken the initiative to meet him. The implication seems to be either that Schnitzler was wary of newspaper critics (with good reason) or more probably that he would have feared friendly overtures toward a critic charged with the responsibility of reviewing his works might be misinterpreted.

Through Schnitzler, who introduced him to Beer-Hofmann, and through the auspices of other friends, Auernheimer was introduced into the main circle of the *Jung-Wien* group, which he defines as "... eine kleine, ebenso wählerische wie gewählte Gruppe, die unter dem lockeren Schlagwort 'Jung-Wien' mehr auseinander- als zueinanderstrebte."[17] In Auernheimer's view the main connection that united such diverse writers as Schnitzler, Hofmannsthal, Beer-Hofmann, Bahr, and Salten was the fact that they

---

in Wien (Wien, München, Zürich, 1968) contains no mention of Auernheimer, since it concludes in 1889, before the two men had met.

[13] This initial letter has not been found.

[14] *Wirtshaus*, p. 90.

[15] Although he had written occasional *Feuilletons* for the *Neue Freie Presse* since 1889, Auernheimer's official employment began in 1906, and he did not become the *Burgtheater* critic until 1908.

[16] *Wirtshaus*, p. 90.

[17] *Ibid.*, p. 89.

8

were all published by the *S. Fischer Verlag* in Berlin, a distinction also accorded to Auernheimer for part of his career. Auernheimer considered his admission into this elite company of writers as one of the great benefits of his career. His respect, which at times borders on adulation, is evident in the statement: "Es ist die Gesellschaft, in die man nicht geht, sondern kommt."[18]

His acceptance as a friend and colleague by the *Jung-Wien* group may serve as one measure of Auernheimer's personal and professional standing in his own time. Only after being discreetly examined by Hofmannsthal and found to possess the necessary qualities of humanity, uncompromising dedication to truth, and the "joy of sharing oneself"[19] was Auernheimer welcomed into what he termed the "Klub der Unsterblichen."[20]

Auernheimer's association with the *Jung-Wien* group was not without its effect on his artistic outlook:

> Was ich in dieser Wiener Schule, über die man so leichtsinnige Urteile zu hören bekam, letztlich lernte, war nicht nur, meine Worte behutsamer wählen und vorsichtiger aneinander reihen, sondern vor allem der Literatur den ihr zukommenden Rang einräumen und sie teilhaben lassen am 'Gewissen der Zeit'. Ich wurde aus einem etwas einseitigen Novellisten ein Erzähler mit etwas größerer Spannweite und aus einem etwas affektierten Feuilletonisten ein sich um Verständnis bemühender Essayist. Und ich wurde vor allem, was ich im Keim freilich immer schon gewesen war: ein überzeugter Leser.[21]

With respect to reading, Schnitzler, Hofmannsthal, and Bahr were all extraordinary models of diligence, even judged in terms of an age that glorified reading as an essential step toward the generally accepted goal of *Bildung*. Reading was particularly emphasized by the *Jung-Wien* authors, not only because they regarded it as an indispensable prerequisite for a writer, but also because they were dedicated to the preservation of the humanistic tradition. In this endeavor Auernheimer stands alongside his more famous contemporaries as a full equal, for he, too, both in his *Feuilletons* and other writings, shared with the full weight of his personal conviction the concern for the humanistic heritage. In his own mind, he considered his journalistic efforts as an important and responsible means of reaching and educating his contemporaries. He defined the *Feuilleton* as a "Bildungsbrücke, eine literarisch-gesellschaftliche Form, die es einem

18 *Ibid.*, p. 94.
19 *Ibid.*
20 *Ibid.*, p. 93.
21 *Ibid.*, p. 96.

noch lebenden Schriftsteller sogar in Wien ermöglichte, zur Gegenwart zu sprechen."[22]

The major difference between the writings of Auernheimer and Schnitzler is depth of thought. Auernheimer generally carried the light, pleasant manner and good-natured humor of his *Feuilletons* over into his plays and narrative writings, while Schnitzler even in his comedies seriously examined the major moral and ethical issues of his generation, at least presenting the problems — if not solutions. Another fundamental distinction exists in Schnitzler's ability to create works of literature containing sufficient ambiguity to permit and even necessitate multiple interpretations. By contrast Auernheimer's works are usually anecdotal in nature, with the dialogue "pointiert," and culminate in a clear-cut resolution.[23] They do not possess the textual density and overlapping motives that blur the clarity of Schnitzler's writings and enrich their potential meaning, but rather rely for their effect on surface techniques such as unexpected twists of plot, clever antitheses, and elegance of language.

Indeed, it appears as if the style at times becomes more important than the content, often a characteristic of *Feuilletons*. While Schnitzler likewise is a superb stylist who painstakingly rewrote and polished his works, nevertheless the subject matter, the idea, always predominates. Instead of exploring the problematic hidden facets of human nature and character, Auernheimer chronicles the visible behavior, the comic foibles of his characters. In short, Schnitzler, who wants to provoke thought, is a *Dichter*, while Auernheimer, who writes more for immediate pleasure and effect, is a journalist, although like Hermann Bahr at a level that approaches literature.[24]

In his autobiography, Auernheimer quotes Schnitzler to the effect that every literary product to be taken seriously must prove itself by three

[22] *Ibid.*, p. 88. His views on the *Feuilleton* are also expressed in the essay entitled "Das Feuilleton," *Neue Freie Presse*, 21 January 1936, p. 9. See also letter 62, where Auernheimer disagrees with what he considers to be Schnitzler's mistaken low impression of critics. This same, almost defensive attitude is evident in Auernheimer's review of Schnitzler's comedy *Fink und Fliederbusch*, *Neue Freie Presse*, 15 November 1917, pp. 1-3.

[23] In letter 61 Schnitzler tactfully expresses his preference for endings that are not so specifically clear cut. By contrast, Otto Brahm, director of the *Deutsches Theater* in Berlin, where many of Schnitzler's dramas were premiered, often exhorted Schnitzler to be less ambiguous. See letters B 28, B 35, B 83, and B 146 in *Der Briefwechsel Arthur Schnitzler-Otto Brahm*, ed. Oskar Seidlin (Berlin, 1953).

[24] Concerning Bahr, the critic Konrad Burdach wrote: "Hermann Bahr ... erscheint mir als ein seltener Repräsentant jener idealen Verbrüderung von Journalismus, Kunst und Wissenschaft." "Wissenschaft und Journalismus," *Preußische Jahrbücher*, 193, Heft 1 (1923), 19.

qualities: "Intensität, Kontinuität und Notwendigkeit."[25] Measured in terms of these criteria, the qualitative distinction between the two men becomes clearly evident, for while Auernheimer's works fulfill the first two characteristics, they are often lacking in the third. While all of his works are attractively written and entertaining to read, only occasionally do they convey a sense of that compelling inner necessity, which is prerequisite to achieving the feature of universality which enables works of literature to survive their own time.

Both men shared what Auernheimer later acknowledged as the principal failure of his generation, namely, they ignored politics in their life and writings, although Schnitzler less so than his younger follower. Writing from the later perspective of exile following the Nazi terror, Auernheimer described his generation as being aesthetically oriented. The latest happenings in the theater and the opera were of far greater moment in the lives of the Viennese than occurrences in the realm of politics. Auernheimer felt that the writers of the *Jung-Wien* group did not keep up with the changing times, and in the post-war period of the 1920s had not adapted to the new society. In his words:

> Schnitzler und Beer-Hofmann, persönlich ebenso nahe befreundet, wie in ihrer dichterischen Richtung auseinanderstrebend, blieben ihrer bürgerlichen und biblischen Welt treu. Zu dem, was man, allseitig mißvergnügt, die neue Zeit nannte — die schon wieder neue Zeit, hätte Schnitzler gesagt, — suchte und fand dieser Dichter, der wie Galsworthy auch ein Gesellschaftskritiker war, erst in seinem letzten und bittersten Werk *Therese* einen verspäteten Zugang.[26]

Auernheimer is also gently critical of Schnitzler's attitude toward the political issue of war guilt. In his diary, *Der Krieg*, which was published posthumously, Schnitzler had proposed that the question of war guilt be excluded from any discussion once and for all, stating: "Jedes politische Geschehen ist schuldhaft."[27] However, Auernheimer, having experienced and witnessed the effects of Naziism, feels that every action, including pacifism, if extended far enough, can lead to war and even to a man like Hitler. To compare Auernheimer's views written after World War II with those of Schnitzler, who could hardly have prophesied the horrifying future of Germany, is to measure the enormous change that occurred in the humanist's outlook in less than one generation. The thought that sins of omission could not be remedied retroactively was possibly upper-

---

25 *Wirtshaus*, p. 95.
26 *Ibid.*, pp. 198-199.
27 *Ibid.*, p. 142.

most in Auernheimer's mind, when he indicted his generation, including himself, for neglecting politics in favor of art.

Throughout most of his career in Vienna, Auernheimer avoided politics even more than Schnitzler who confronted major controversial social issues with political overtones in such works as *Der Weg ins Freie* and *Professor Bernhardi*. Even when provided with an occasion that would seem to demand the discussion of contemporary problems, in this case the Jewish question, Auernheimer in his reviews skirted the issue, prompting Schnitzler to inquire whether the policy of the *Neue Freie Presse* prevented him from commenting on this aspect of his works.[28] Possibly such was the case, for letter 20 might be interpreted as indicating that Auernheimer in an intervening conversation had confirmed Schnitzler's opinion. Although the Jewish question was one of the most important issues of the time,[29] Auernheimer steadfastly ignored it, at least in his writings.

Since Auernheimer was related to Theodor Herzl, the prominent Zionist leader, his lack of commentary seems all the more noteworthy. For even when he wrote on Herzl, his commentary stresses primarily his journalistic and literary accomplishments[30] with only brief mention of his political significance.[31] One possible reason for the neglect of this topic is that Auernheimer, who was a Protestant as his father's family had been for

---

[28] See letter 10.

[29] For a concise discussion of the Jewish question and its importance in Vienna at this time, see Franz Borkenau, "Liberalism and the Jewish Problem," in *Austria and After* (London, 1938), pp. 92-117.

[30] Auernheimer's admiration of Herzl as a writer and particularly as a master of style can be seen in his introduction to the volume Theodor Herzl, *Feuilletons* (Berlin, Wien, 1911). For Herzl's influence on Auernheimer see *Wirtshaus*, pp. 35-36.

[31] Auernheimer's sole mention of Herzl's significance as a Jewish leader clearly demonstrates that despite his general lack of commentary, he held a well thought out viewpoint. His statement also reflects his great esteem for Herzl as a social and political force: "Über den Zionismus wäre viel zu sagen, was über den Anlaß dieses Buches hinausgeht. Seine Berechtigung als Gegenbewegung — als eine ewige Gegenbewegung — ist durch die Schandtaten des Nazismus millionenfach gerechtfertigt worden. Auch seine geschichtliche Folgerichtigkeit steht außer Zweifel. Das neunzehnte Jahrhundert war das Jahrhundert des Nationalismus, wobei sich vom französischen bis zum jüdischen ein Nationalismus aus dem anderen ergab; der jüdische war das letzte Glied in der Kette. Auch ist es kein Wunder, daß diese nationale Protestbewegung in Österreich entsprang, wo ihr die magyarischen, tschechischen, polnischen, südslawischen und italienischen — von den deutschen nicht zu reden — Beteuerungen nationaler Unabhängigkeit vorangegangen waren. Wenn also der Nationalismus der Weg der Geschichte war, dann konnte der Bahnbrecher des Zionismus keinen gangbareren wählen. Anders freilich, wenn der Nationalismus nur ein Abweg der Geschichte war, von dem das zwanzigste Jahrhundert sich zurückfinden wird müssen zu einem übernationalen Weltbürgertum, wie es der Ansicht des Verfassers dieses Buches entspricht. Aber selbst dann wäre

---

three generations before him, did not identify with the Jewish society of Vienna. Although he was in Switzerland in 1938 attending the premiere of his translation of Molière's *Le Misanthrope* when the *Anschluß* became effective, he returned immediately to Vienna. Despite his awareness of the Nazi policy of anti-semitism, Auernheimer felt no fear for his personal safety, because his father was German. His immediate arrest and imprisonment in Dachau he attributed solely to his activities in the Austrian P.E.N. Club. Thus, although Harry Zohn is technically justified in including Auernheimer in his volume *Wiener Juden in der deutschen Literatur* (1964), Auernheimer himself possibly would have disagreed with this classification.

One important characteristic, which emerges clearly from the above discussion, is Auernheimer's independent spirit. Like Schnitzler and the other members of the *Jung-Wien* group, Auernheimer followed his own course through life, acting always out of inner conviction. He was his own severest critic and was always honest with himself concerning his accomplishments, as anyone can readily verify by reading his autobiography.

Because he was an independent critic who took his responsibilities seriously, Auernheimer never allowed his personal admiration for Schnitzler or his other friends to influence his critical judgment.[32] His reviews of works by his friends bear witness to objectivity and fairness, emphasizing the virtues as well as anything he considered a flaw. Although the general tone of his criticisms reflects his unconcealed admiration for Schnitzler, at the same time he freely points out weaknesses where, in his opinion, they existed. For example, Auernheimer strongly opposed the performance

die Antwort, die Herzl antisemitischer Überheblichkeit gab, die einzig richtige, weil einzig würdige gewesen." *Wirtshaus*, pp. 40-41.

[32] In 1912 Auernheimer called Schnitzler the representative writer of Austria, adding: "Was er darüber hinaus noch ist und werden kann, wäre unmöglich, heute zu entscheiden. In die Schneeregion der zeitlosen Literatur ragt sein vorderhand noch blonder Scheitel nicht hinein, aber ein großer Schriftsteller seiner eigenen Zeit zu sein, ist auch etwas, ist vielleicht alles, und diesen Ehrenplatz wird man Schnitzler nicht abstreiten können. Seine Kunst spricht heute schon zu vielen Tausenden, und ihre Gemeinde wird täglich größer." *Neue Freie Presse*, 12 May 1912, p. 1. However, in 1931 he claims a place for Schnitzler in literary history: "Wie Flaubert sank er sterbend zu Füßen seines Schreibtisches nieder. So sterben große Schriftsteller auch noch in einer Zeit, deren Schriftsteller kaum mehr wissen, wer Flaubert war, und daß er so gestorben ist. Was vielleicht für diesen liebenswürdigen Weisen, diesen hohen Künstler, diesen Musiker der Sprache, der Arthur Schnitzler war, ein Grund mehr gewesen wäre, sich zu seiner Zeit zu bekennen und seinen, bei Lebzeiten doch immer angefochtenen Platz in der Literaturgeschichte endgültig einzunehmen." *Neue Freie Presse*, 25 October 1939, p. 3.

of the controversial drama *Reigen*, urging Schnitzler to limit this work, the merits of which he fully recognized and appreciated, to book form.[33] His *Feuilletons* and the exchange of letters concerning Auernheimer's reviews of Schnitzler's novel *Der Weg ins Freie* and *Therese* also illustrate his independence of judgment, which he maintains even in the face of Schnitzler's disagreement. Although Auernheimer regrets that Schnitzler is disappointed by his review of *Therese* and attempts to explain his reservations more fully, he also makes clear that since he had not written the review out of any attempt to please Schnitzler, he could not retract it for the same reason.[34] This position was understandable to Schnitzler, an independent-minded man, who prized individuals of strong character. If Auernheimer had been only a flatterer or had written reviews in undeserved praise of Schnitzler, then it is safe to say that the latter would not have accepted him as a friend. Such bias, even out of friendship, would not only have made Auernheimer vulnerable to accusations of conflict of interest,[35] but also would have been more harmful than helpful to Schnitzler. With a hostile critic like Karl Kraus ready to pounce upon and exploit any aberrations from the truth and seeking every opportunity to castigate the *Jung-Wien* writers, any attempt to praise Schnitzler in unwarranted fashion would have harmed the very cause Auernheimer was trying to support.

The true value of Auernheimer to Schnitzler, as well as to the public, lay precisely in the reasoned objectivity of his reviews, which by their prominence on the front page of the *Neue Freie Presse*, the newspaper that more than any other shaped opinion in Vienna, were in an excellent position to counteract some of the negative and biased judgments of other critics. Auernheimer, like Hermann Bahr, used his journalistic position to explain, support, and defend the literary accomplishments of Schnitzler and other contemporary writers who were often attacked for reasons having

[33] "Freilich das Moralische? Es versteht sich in diesem Falle keineswegs von selbst, und wenn sich auch zusammenfassend sagen läßt, daß die Welt durch die Aufführung des 'Reigen' nicht schlechter werden wird, so werden doch viele Verehrer des Dichters sein geistreiches Werk dorthin zurückwünschen, woher es stammt und wohin es gehört: Ins Buch." "Schnitzlers 'Reigen' auf der Bühne," *Neue Freie Presse*, 2 February 1921, p. 3.

[34] See letter 67.

[35] Karl Kraus carried on a polemic against most of the major journalists of the time on two main grounds of conflict of interest. He attacked journalists who reviewed the performances of theaters for which they also wrote plays and those who improperly used their position to foster the works of their friends. Kraus felt that a clique system operated among writers in Vienna, particularly among the members of the literary organization, *Concordia*. See Karl Kraus, *Die Fackel*, 69 (1901), pp. 6-7, and 557 (1920-1921), pp. 55-57.

little to do with the literary aspects of their writings. Thus, Auernheimer made an important contribution in advancing the cause of literature in Austria. Auernheimer's perceptiveness and fair-mindedness as a critic can be demonstrated by the favorable manner in which his analyses have held up over the years. As will be seen, his evaluations generally anticipate and coincide with the scholarly view of Schnitzler that prevails today.

Between the years 1908 and 1932 Auernheimer wrote twenty-two *Feuilletons* concerning Schnitzler and his works. Since Auernheimer was the drama critic for the *Burgtheater*, fourteen of these reviews concern performances of Schnitzler's plays, while only four treat prose works. The first *Feuilleton* is a general discussion of Schnitzler's importance as a writer — prompted by his being awarded the Grillparzer Prize. In 1912 and 1922 Auernheimer marked the occasion of Schnitzler's fiftieth and sixtieth birthday, and in 1931 he presented a general tribute, entitled "Arthur Schnitzler im Bild seiner Zeit," which served as a necrology. Finally, in 1932 he discussed Schnitzler as a philosopher in an attempt to counteract the prevailing view that the latter was an atheist.

In tone and content the *Feuilletons* are consistent with the views of Schnitzler afforded by Auernheimer's letters. It is not surprising that the *Feuilletons* are predominantly favorable, for in this they accurately reflect the quality of the works under review. However, it is obvious from the manner in which Auernheimer presents his negative opinions that he was a friendly rather than a hostile critic. Any reservations are phrased as inoffensively as possible.

Nevertheless, there is another reason beyond friendship for Auernheimer's approach. Since Schnitzler was often attacked unfairly or at least misjudged[36] by other critics, it seems apparent that Auernheimer made it his self-appointed task to gain recognition for the man who, in his conviction, was one of Austria's leading writers and deserving of greater acceptance by his countrymen than he had yet received. Schnitzler's difficulty in having his works performed by the *Burgtheater*[37] may serve both as an example of the situation that existed and of Auernheimer's attempt

---

36 For example, in discussing *Der Weg ins Freie*, Auernheimer asserts: "Es spielt auch die Politik in den Roman hinein, zum erstenmal bei Schnitzler, und Tages- und Zeitfragen werden viel ernster und sachlicher durchbesprochen, als man es dem Dichter des süßen Mädels, wie Schnitzler bis zum Ekel genannt wurde und von Böswilligen noch immer genannt wird, je zugetraut hätte." *Neue Freie Presse*, 3 June 1908, p. 3.

37 Rudolph Lothar, *Das Wiener Burgtheater* (Wien, 1934), pp. 294 and 517, lists 19 plays by Schnitzler performed in the *Burgtheater* with a total of 560 performances. During the same period (1895-1934) 6 plays by Auernheimer were performed for a total of 146 performances. For the most recent and detailed discussion of

to remedy the situation by publicly exposing and denouncing such ill-treatment.[38] Partly to demonstrate his importance to Austria and probably in some measure to combat antisemitic feelings toward Schnitzler, Auern-

Schnitzler's works on the stage see Reinhard Urbach, *Arthur Schnitzler* (Velber bei Hannover, 1968), pp. 95-127.

[38] "Arthur Schnitzler, der Sinn für Ironie und für komödienhafte Zusammenhänge hat, mag nach dem ebenso großen als wohlverdienten Erfolge seines 'Professor Bernhardi' nicht ohne ein stilles Lächeln an seinen Schreibtisch zurückgekehrt sein, aus dem vor mehr als sechs Jahren, zwei Jahre vor dem Krieg, dieses Werk hervorging. Was mußte alles geschehen und nicht geschehen, um einem Stück den Zugang zur Bühne zu ebnen, auf die es wie kaum ein anderes von Schnitzler Anspruch hatte. Reiche mußten bersten, Throne stürzen, Österreich in seine Bestandteile zerfallen, all das nicht metaphorisch, sondern buchstäblich genommen, damit das Natürliche geschehen konnte, daß das Werk eines hervorragenden und berühmten Wiener Dichters in Wien zur Aufführung gelangte, das Selbstverständliche, daß ein Stück, das für das Theater geschaffen ist wie selten eines, im Theater den Mund auftun durfte, und das Wünschenswerte, daß unsere von Plattheiten und Halbheiten aller Art überfüllte wienerische Schaubühne sich wieder einmal der ernsthaften Erörterung eines ernsthaften, dichterisch erfaßten, Kopf und Herz des Zuschauers beschäftigenden Problems zuwende. Das ist eine heitere Verschränkung der Weltgeschichte mit der Theatergeschichte, die aber, als ein Stück österreichischer Kulturgeschichte, auch ihre ernste Seite hat. Auch mag es wohl geschehen, daß Schnitzler, wenn er diesen Zusammenhängen nachsinnt, das anfängliche Lächeln aufgibt und von einem posthumen Zorn erfaßt wird gegen das blindwütige Walten einer namenlos verzopften Theaterzensur, über deren Verständnislosigkeit und unheilbare Beschränktheit wir uns lang genug geärgert haben, bevor uns der Wandel der Zeiten davon befreit hat." *Neue Freie Presse*, 24 December 1918, p. 1.

"Die Geschichte von Schnitzlers 'Schleier der Beatrice' ist die Geschichte eines Wiener Vorurteils. Schnitzler näherte sich den Vierzig, als er, vor bald fünfundzwanzig Jahren, dieses in Makartsche Farbengluten getauchte Versstück schrieb. Er war im Burgtheater und in der Literatur kein Neuling mehr. ... Und da kam nun dieser selbe Arthur Schnitzler, der Wiener Lebemann unter den damaligen deutschen Dichtern, und brachte dem Burgtheater ein neues Stück, das weder wienerisch noch französisch war, und weit eher von Grillparzer oder Hebbel herzukommen schien, als von Bauernfeld oder Musset. ... Da es von Arthur Schnitzler herrührte, gab man es nach langem Zögern dem Dichter achselzuckend wieder zurück. Das Vorurteil sprach dagegen: und da ein Vorurteil überall in der Welt, ganz besonders aber in Wien, der Stadt der Vorurteile, unwiderleglich ist — erst das nächste Vorurteil widerlegt es — so blieb der 'Schleier der Beatrice' durch ein volles Vierteljahrhundert unaufgeführt, obwohl dieses Drama, wie kaum ein anderes seines Urhebers, nach der Bühne verlangt, für das Theater geschaffen ist. Erst Paulsen hat, in diesem, wie in einigen anderen Fällen, verjährte Säumnis gutmachend, das Werk für das Burgtheater in Aussicht genommen; und erst sein Nachfolger, drei Jahre später, bringt es zur Aufführung." *Neue Freie Presse*, 24 May 1925, p. 1.

Similarly in 1930, Auernheimer stressed Schnitzler's long and unseemly absence from the Burgtheater. *Neue Freie Presse*, 4 February 1930, p. 1.

In 1931 he again mentions that Schnitzler had to wait an unfairly long time for his works to be performed in Vienna. *Neue Freie Presse*, 17 February 1931, p. 1.

16

heimer constantly stressed the specifically and uniquely Austrian and Viennese qualities of his works.[39]

Viewed collectively, Auernheimer's reviews present a fairly rounded assessment of Schnitzler. While he never altered his view of Schnitzler from the first *Feuilleton* to the last, he did deepen and broaden his portrait of the man and artist on the basis of increasing evidence, as new works were added to reenforce the position of Schnitzler as one of Austria's preeminent writers. Auernheimer feels that Schnitzler began his career at a high point with the comedy *Anatol*, which created a misleading and one-sided impression that was almost impossible to overcome later in life.[40] This misinterpretation, which continues even today to some extent, prevailed not only in Germany and Austria but also in foreign countries, for Schnitzler was one of the most widely translated Austrian writers of his time. The irony, as Auernheimer points out, is that Schnitzler, not only in *Anatol* but in most of his other works, presented to the outside world a conception of Austria that no longer existed.[41]

Concerning Schnitzler the man, Auernheimer stresses his intelligence, integrity, love of truth and justice, and his moral character. Because of his independence of mind, he followed his own course heedless of the consequences, writing when and what he felt compelled to, regardless of the popularity and acceptability of his themes. He considers Schnitzler a noble and good-natured human being with enormous self-control, a kind man who is forthright but never offensive. Despite a tendency toward *Grübelei*, he is basically cheerful in his outlook and manner.

Auernheimer often refers to Schnitzler as the Austrian Ibsen, a

---

[39] Since this idea is repeated like a motif throughout most of the reviews, one example may suffice: "Nicht in allen, aber in vielen und in seinen charakteristischen Werken hat Schnitzler Wiener Menschen, Wiener Leben dargestellt, und selbst wo er uns das Schicksal scheinbar ganz eigenwilliger Existenzen gibt, projiziert er dieses bewußt oder unbewußt auf den Hintergrund der Wiener Landschaft und der Wiener Gesellschaft." *Neue Freie Presse*, 12 May 1912, p. 1.

[40] "Es konnte nicht ausbleiben, daß dieser vordringliche Erfolg schließlich Schnitzler selbst mehr verstimmte als erfreute. Zwanzig Jahre waren dahingegangen, er war nun ein berühmter Dichter, auf der Höhe seines Werkes, seiner Kraft, und man tat so, als hätte er außer dem 'Anatol' und seiner weiblichen Entsprechung, dem sagenhaften, süßen Mädel, nichts anderes in die Welt gesetzt. ... Als er jung gewesen war, galt er jener Ibsenschen 'kompakten Majorität', die nirgends so kompakt ist wie in Wien, nur als der Sohn seines Vaters, und jetzt, da er zu seinen Jahren kam, die wahrhaftig die seinen waren, lediglich als der Vater des Anatol. Ein Wiener Schicksal, und als solches keineswegs einzig in seiner Art. Hier wird ja jeder immer wieder mit seinem Vorgänger verwechselt, auch wenn er ausnahmsweise sein eigener Vorgänger ist." *Neue Freie Presse*, 2 February 1932, p. 2.

[41] *Neue Freie Presse*, 14 May 1922, p. 2.

comparison that aptly shows not only Schnitzler's dedication to truth but also his position as a critic of society.[42] Possibly Auernheimer also intended his comparison of Schnitzler and Ibsen as an artistic judgment, indicating that he ranks Schnitzler alongside of the Norwegian writer, for he extends the similarity to include literary technique. Because of Schnitzler's particular talent for portraying nuances of behavior and conversation, which makes him one of the masters of dialogue in all of literature, Auernheimer considers him a naturalist in the same manner as Ibsen.[43]

In calling Schnitzler the Austrian Ibsen the stress should perhaps go on the word Austrian, for, as mentioned, Auernheimer repeatedly emphasizes heavily the Austrian, indeed, Viennese characteristics of Schnitzler. The Austrian quality differentiates him from Ibsen by introducing a softer note into his works, a difference in tone that Auernheimer suggests by calling Schnitzler an "Ibsen in Moll" or a naturalist in minor key. The relationship is illustrated by comparing *Professor Bernhardi* to Ibsen's *Enemy of the People*:

> Es gibt genau genommen, nur zwei Möglichkeiten, ein unlösbares Problem zu lösen: die eine, daß man daran stirbt, und die andere, daß man darüber lacht. Schnitzler entscheidet sich als ein Wiener für die zweite Methode als die gemütlichere. Ibsens 'Volksfeind' ist ein Schauspiel, Schnitzlers 'Bernhardi' eine Komödie, deren letzter Akt den Konflikt geistsprühend zu einem erfrischenden Lachen verdampft. Das ist das Wienerische daran.[44]

In Auernheimer's view, Schnitzler's unique contribution to modern literature lies in his introduction of a Viennese note, a Viennese quality, to an extent and at a level not achieved in previous writers. He considers Schnitzler's works inseparable from Vienna or Austria, regardless of their setting. Because of his medical training and his perceptiveness in diagnosing human beings, Schnitzler knows and portrays Viennese society as no other writer does. His works represent the finest expression of Viennese life in German literature.[45]

[42] "Er [Schnitzler] klagte oft darüber, daß er den Mut nicht mehr aufbringe, ein Stück oder eine Novelle zu schließen, weil am Ende doch jeder Lösung noch immer ein Rest von Willkür und Verlogenheit anhafte. Wert und Würde von Arthur Schnitzlers Lebenswerk beruhen zur guten Hälfte darauf, daß ihm — wie Ibsen — schließlich auch noch das Wahre nicht wahr genug war." *Neue Freie Presse*, 25 October 1931, p. 2.

[43] Auernheimer calls Schnitzler "...der Weiterbildner Ibsenscher Gesellschaftsdramatik..." *Neue Freie Presse*, 22 April 1928, p. 3.

[44] "Professor Bernhardi," *Neue Freie Presse*, 24 December 1918, p. 3.

[45] "Diese Kunst wurzelt im Leben, und dieses Leben ist in Wien zu Hause. Schnitzler, ein ebenso unruhiger als seßhafter Wiener, ist heute unbestreitbar und un-

One of Schnitzler's major accomplishments was to emancipate Austrian literature by breaking the hold of French drama on the *Burgtheater*.[46] Although Schnitzler in *Anatol* began writing on the model of later nineteenth-century French writers, already in this early work he added his own particular Austrian quality by making *Anatol* a poetic soul. Auernheimer feels that Schnitzler deserves the credit for making the uniquely Viennese note a dominant feature of Austrian literature in the twentieth century.

In a number of instances, Auernheimer established a critical position that has since become more or less accepted. He was one of the earliest critics to point out the interlocking nature of Schnitzler's writings and to demonstrate that as a writer Schnitzler was a rationalist who began his works with an idea.[47] Above all, he was one of the few early

bestritten der höchste Ausdruck des Wienertums in der deutschen Literatur." *Neue Freie Presse*, 12 May 1912, p. 1.

To illustrate how Auernheimer's views have gained acceptance, one example may be cited. Reinhard Urbach, *Arthur Schnitzler* (Velber bei Hannover, 1968), p. 18, states: "Wien ist der Mittelpunkt seines [Schnitzlers] Lebens und seiner Gestalten. Wien ist für ihn der Spiegel der Welt. Die Atmosphäre der Metropole der k. u. k. Monarchie lebt in seinem Werk wie bei keinem Dichter der Jahrhundertwende."

46 "Es ist dies eine Leistung, die der junge Schnitzler in Gemeinschaft mit den anderen jungen Häuptern und Geistern der Wiener Schule von 1890 vollbrachte. Sie alle ließen jeder nach seiner Art, die 'Wiener Note' erklingen, was, wissenschaftlich ausgedrückt, nichts anderes heißen wollte, als daß sie die Tainesche Milieutheorie und überhaupt die naturwissenschaftliche Methode, die damals auch in der Literatur Trumpf war, auf die Dichtkunst übertrugen. Am fühlbarsten machte sich dies auf dem Gebiete des Theaters, auf welchem das Epigonentum der achtziger Jahre und ein in Wien von jeher grassierender Auslandssnobismus eine völlige Verwischung der Formen herbeigeführt hatten. Das Burgtheaterstück war damals entweder eine Jambentragödie oder ein französisches Problemstück. Daß es auch in Österreich, ja sogar in Wien, Probleme gab, wollten die Gebildeten nicht wahrhaben; höchstens in der Dialektsphäre, wo die Mundart das Pathos der Distanz vergrößerte, gab man solche zu. Man schätzte Anzengruber, zumal seitdem er tot war, aber man betrachtete sein Österreichertum doch mehr als eine Vorstadtangelegenheit. Da trat Arthur Schnitzler auf und schrieb Burgtheaterstücke, die unter Gebildeten spielten und trotzdem auf dem Wiener Boden vor sich gingen: die gesellschaftliche Probleme in freier und natürlicher Form, ohne Aktschlußtiraden und advokatorische Plaidoyers, dabei aber doch in geistig anziehender Form und auf eine theatralisch fesselnde Weise behandelten: Mit einem Worte, die die Franzosen ersetzten, und zwar die allerbesten Franzosen. Das war Arthur Schnitzlers Tat, und es war eine, bei der er nicht mehr gemeinschaftlich mit den anderen in breiter Front vorging, sondern allein, auf eigene Faust, als Eclaireur des neuen deutschen Theaters, dem auf dem von ihm eroberten Gebiet des Gesellschaftsstückes die anderen erst in einem gewissen Abstande nachfolgten." *Neue Freie Presse*, 14 May 1922, p. 2.

This same idea was restated later, *Neue Freie Presse*, 25 October 1931, p. 3.

47 See *Feuilleton* entitled "'Liebelei' und 'Komtesse Mizzi'," *Neue Freie Presse*, 10 January 1909, pp. 1-3.

critics who stressed the moral basis of Schnitzler's writings.[48] Another of Schnitzler's contributions that Auernheimer frequently mentions, was to serve as a connecting link between the style of the old *Burgtheater* from the time of Bauernfeld and Anzengruber and the new *Burgtheater*.[49] Although Auernheimer never investigates this connection in sufficiently specific detail to show how this was accomplished, he is presumably referring to the social tone and commentary evident in Schnitzler's writings. Auernheimer was also among the earliest critics to stress Schnitzler's mastery of language,[50] including verse,[51] and to consider him during the later years of his career a better prose writer than dramatist.

[48] This idea runs through most of the *Feuilletons*, as Auernheimer never fails to mention the moral and ethical substratum of each individual work. Concerning Schnitzler in general, Auernheimer commented: "Schnitzlers moralisches Fundament, seine sittliche Grundlage ist ein unerhörter Wahrheitsmut, ein unerbittlicher Wahrheitsdrang. Eine seiner Lieblingswendungen, wenn es Geistiges oder Menschliches zu schlichten galt, war: 'Man darf es sich nicht so leicht machen.' In dieser Strenge gegen sich selbst, die einer oft weitgehenden Nachsicht gegen andere entsprach, äußert sich jene sittliche und versittlichende Kraft, die den Wahrheitsforscher zum Entdecker des weiten Landes der Seele und zum Gestalter der genußfreudigen, wenn auch zuweilen von bösen Ahnungen beunruhigten Gesellschaft seines Zeitalters macht." *Neue Freie Presse*, 25 October 1931, p. 2.

[49] "Dieses Stück [*Paracelsus*], ein richtiges, kleines, rundes Lustspiel, ist unter den dreien dasjenige, das am deutlichsten auf das ältere Burgtheater zurückweist. Es ist beinahe von Bauernfeld, aber von einem Bauernfeld, der sehr ernste medizinische Studien über Hysterie und Hypnose gemacht und der zudem — das Stück ist in Versen — den jungen Hofmannsthal vor Augen hat und sich seines Umgangs erfreut." *Neue Freie Presse*, 4 February 1930, p. 1.

[50] Praise of Schnitzler's gift for dialogue is frequent. Discussing *Liebelei* in 1909 Auernheimer states: "Der Dialog, der scheinbar so anspruchslos dahinfließt, ist reich an gedanklichen Schönheiten und eindringlicher Charakteristik. Beiläufig ist es der beste Dialog, der seit Bauernfeld auf dem deutschen Theater gesprochen wurde, und ein wirklicher Dialog, das heißt in Worten umgesetzte Charakteristik, kein bloßes Wortgeplänkel." *Neue Freie Presse*, 10 January 1909, p. 2.

In 1912 he analyzed the basis for this excellence: "Das Herz seiner Dichtung ist Menschenkenntnis, und sie ist auch das letzte Geheimnis seines Dialogs, der oft, aber meist gedankenlos gerühmt, in seinem eigentlichen Wesen nur selten erfaßt wird. Denn nicht die Anmut, die auch andere haben, noch auch der für Schnitzler charakteristische gutartige Witz und eine seltene Wortkultur machen den Wert dieses Dialogs aus, sondern die tiefe Menschenkenntnis, die sich auf die liebenswürdigste Art darin aufschließt. Schnitzler schreibt, in der ihm eigentümlichen Sphäre des Gesellschaftsstückes, einen besseren Dialog als irgend ein anderer deutscher Autor, weil er diese seine Menschen besser kennt und mehr von ihnen weiß, als irgend ein anderer Dichter. Es ist seine besondere Kunst, die er nachgerade bis zur Virtuosität ausgebildet hat, das ganze Leben eines Menschen in das Gespräch einzubeziehen. Angewandte Menschenkenntnis, auf den einzelnen und auch auf die Allgemeinheit angewandt, das ist sein Dialog." *Neue Freie Presse*, 12 May 1912, p. 2.

A concise summary of his opinion is seen in the opening sentence of Auern-

It is impossible to estimate the impact of Auernheimer's criticisms on public opinion, but it can perhaps be assumed that such prominently placed support helped rather than hindered Schnitzler's reputation. In the area of scholarly criticism it seems reasonable to conclude from the fact that his essays are rarely cited that his ideas have not been influential, although the reason for this neglect is difficult to explain. Similarly, it is evident that his efforts to overcome the resistance of the *Burgtheater* to Schnitzler resulted in little appreciable change.

However, the intent here is not to attempt an assessment of Auernheimer's influence as a critic, but only to document his support of Schnitzler as one important facet of their overall relationship. Undoubtedly, he would have accepted the responsibility of explaining Schnitzler to the public, even if he had not known him personally, as can be verified by his essays concerning other authors with whom he was not acquainted. For, like Hermann Bahr, one of the outstanding journalists of this period, Auernheimer considered it to be part of his responsibility to attempt to educate his readers to appreciate Austria's leading writers. As the following letters show, Schnitzler appreciated the efforts of his friend on his behalf, probably as much for Auernheimer's understanding of his poetic intentions as for any practical enhancement of his reputation, an aspect of his career with which Schnitzler was little concerned.

Ultimately, what emerges from this correspondence, beyond an insight into the character and personality of Schnitzler and Auernheimer, is the portrait of two writers who loved Austria and who to the best of their ability devoted their lives to serving Austrian literary, cultural, and intellectual interests. Thus, this partial chronicle of their aspirations, attitudes and achievements is not only the record of a personal friendship but also to a limited degree represents a testimonial to the remarkable literary generation that lived and worked in Vienna during the first three decades of the twentieth century.

heimer's autobiography: "Der große österreichische Theaterdichter Arthur Schnitzler, der unter allen meinen Zeitgenossen den besten Dialog nicht nur schrieb, sondern auch sprach..." *Wirtshaus*, p. 15.

51 Auernheimer concludes his discussion of *Der Gang zum Weiher*: "Und da sagt man, daß die Zeit des Verses vorbei ist. Im Gegenteil, sie hebt erst wieder an, und Schnitzler, dessen erstes Stück vor sechsunddreißig Jahren im Burgtheater zur Aufführung kam, steht an ihrem Anfang." *Neue Freie Presse*, 17 February 1931, p. 3.

THE CORRESPONDENCE

[1]

Dr. Raoul Auernheimer

Wien IV/2, 1/4, 06
Starhemberggasse 40.

Hochgeehrter Herr Doctor,

ich bin sehr glücklich, daß Sie mir gestatten wollen, Sie zu besuchen, und möchte, wenn ich Sie nicht störe, Donnerstag nach 6 Uhr zu Ihnen kommen. Wenn Ihnen dieser Tag nicht paßt, so bitte ich Sie mir freundlichst einen anderen bestimmen zu wollen. Ich bin voraussichtlich auch Freitag oder Samstag frei. Verehrungsvoll,

Ihr sehr ergebener
R. Auernheimer

[2]

Dr. Raoul Auernheimer
Wien, IV. Starhemberggasse 40.

22. 11. 06.

Verehrtester Herr Doctor,

Director Weisse[1] beginnt sich plötzlich stürmisch für meinen "Guten König"[2] zu interessieren, den er, wie er mir gestern sagte, noch gar nicht kennt. Ist das nicht hübsch? Ein Stück wird zurückgewiesen, ohne daß der Director davon erfährt. Ich bitte Sie aber, hievon keine Erwähnung zu

---

[1] *Weisse.* Adolf Weisse (1856-1933) served as director of the *Deutsches Volkstheater* in Vienna (1905-1916). He was also an actor and performed the role of the *Oberst* in Schnitzler's drama *Der Ruf des Lebens* in 1909.

[2] *"Guten König."* Raoul Auernheimer, *Der gute König* (Stuttgart und Berlin, 1908), light romantic comedy in three acts, set in France at the beginning of the seventeenth century. Prentiss Gilbert, the American Chargé d'Affaires in Berlin, adapted this work into English under the title *A Maid of Honor*, which, according to a statement by Auernheimer, was performed by the Civic Repertory Theater in Philadelphia. We have as yet been unable to document the performance.

23

machen. Es wäre mir begreiflicherweise nicht angenehm, wenn diese allerliebste kleine Palastintrigue in der Öffentlichkeit discutiert würde.

Da ich nun ein anderes Exemplar meines Stückes als das Ihnen übersandte momentan nicht besitze, und die Sache eilt, so werde ich morgen (Freitag) zwischen 1-3 das Stück durch einen Dienstmann von Ihnen holen lassen. Sollten Sie es noch nicht gelesen haben, so sende ich Ihnen, nach meiner Rückkehr aus Budapest, Ende nächster Woche ein anderes Exemplar.

Ihr herzlich ergebener
R. Auernheimer

[3]

Dr. Raoul Auernheimer   5. 12. 06.
Wien, IV. Starhemberggasse 40.

Verehrtester Herr Schnitzler,

richtig habe ich heute Sie etwas zu fragen vergessen, was ich Sie schon unlängst fragen wollte! Nämlich: Wissen Sie in Paris einen anständigen Literaten von einiger Feinfühligkeit, an den ich mich wegen einer Übersetzung des "Guten Königs"[3] wenden könnte? Es müßte aber ein Mensch sein, der, wenn man ihm ein Stück im Manuscript zu lesen gibt, es nicht nachher selbst schreibt — was peinlich wäre. Ich denke nämlich daran, das Stück, das sich für Paris sehr gut eignen dürfte, dort eventuell noch vor Wien zur Aufführung zu bringen. Ich wäre Ihnen sehr verbunden, wenn Sie mir Ihren Übersetzer empfehlen und mich vielleicht mit einer Zeile ihm gegenüber legitimieren wollten.

Ihr sehr ergebener
R. Auernheimer

[4]

Dr. Raoul Auernheimer   15. 4. 07.
Wien, III. Neulinggasse 13.

Hochverehrter Herr,

soeben hab' ich Ihr Buch[4] aus der Hand gelegt, in dem ich eigentlich

---

[3] *Übersetzung des "Guten Königs."* Presumably this translation into French did not materialize, for we have been unable to locate a French version of *Der gute König.*

[4] *Ihr Buch.* Arthur Schnitzler, *Dämmerseelen* (Berlin, 1907). Contents included: *Das Schicksal des Freiherrn von Leisenbogh, Die Weissagung, Das neue Lied, Die Fremde,* and *Andreas Thameyers letzter Brief.* These works are now contained in Arthur Schnitzler, *Die Erzählenden Schriften,* I (Frankfurt am Main, 1961).

24

blos[s] blättern wollte. Aber im Blättern hab' ich Lust bekommen und so hab' ich mir "das Neue Lied" in einem Zug wieder durchgelesen. Und ich mache die Wahrnehmung, daß ich in den letzten Wochen alle Ihre Novellen auf diese Weise repetiert habe: Immer fing ich mit Blättern an und hörte mit Lesen auf. Und jede dieser feinen subtil gebauten Erzählungen entließ mich zugleich nachdenklich und bewegt. Ich kann den Effect Ihrer Novellen nicht ehrlicher charakterisieren als mit diesen beiden Worten. Und noch eins: Es ist etwas S y m p h o n i s c h e s[5] in Ihren Novellen, was Sie früher nicht oder nicht in diesem Maße hatten. Am meisten fällt mir dies in der "Weissagung" und dem "neuen Lied" auf, in welchen beiden Novellen Ihre in Deutschland heute einzige Kunst der verschlungenen Erzählung — der kunstvollen Instrumentation möchte ich es nennen — überhaupt ihre größten Triumphe feiert.

Nehmen Sie, verehrter Herr, diese Zeilen, die mir ohne jede kritische Absicht aus der Feder gelaufen sind, nicht als eine Kritik sondern als eine schlichte Impression bei der Lektüre Ihrer Novellen, die ich Ihnen so gebe, wie ich sie empfunden habe.

Es thut mir leid, daß wir unlängst bei Fr[iedmanns?][6] so wenig miteinander geredet haben. Eigentlich ging ich nur hin, weil "Schnitzler" zugesagt hatte. Und dann wußte ich Ihnen nichts zu sagen, weil Möbel und Menschen zwischen uns standen und die unvermeidliche Banalität einer Abendgesellschaft. Es geht mir oft so in Gesellschaft. Mit den einen hat man nichts zu reden, und bei den wenigen, denen man etwas zu sagen hat, redet man nur so vorbei.

Ich hoffe, Sie gestatten mir wieder einmal, bei Ihnen anzuklopfen.

---

[5] *Symphonisches*. In his reviews and, as will be seen, in other letters, Auernheimer often stresses the musical and symphonic quality of Schnitzler's writings. The following quote may serve as one example: "Der Musikalität der Form entspricht in dem neuen Werk auch eine hohe Musikalität des Inhalts. 'Der Gang zum Weiher' nennt es sich, aber läßt man den symphonischen Widerstreit der Motive, aus denen es sich zusammensetzt, in der Erinnerung nachhallen, so würde man es für sich selbst am liebsten als 'Adagio' eines Lebensabends bezeichnen. Sein Inhalt ist fast so schwer zu erzählen wie derjenige einer Symphonie; nicht, weil er nicht klar geordnet wäre, aber weil man das Gefühl hat, daß man dieser aus Nachdenklichkeit, Geist und Schmerz zart verwobenen Lebensmusik unrecht tut, wo immer man sie mit harten Worten anfaßt." *"Der Gang zum Weiher* von Arthur Schnitzler," *Neue Freie Presse*, 17 February 1931, p. 1. See also Auernheimer's review of Schnitzler's *Der Ruf des Lebens, Neue Freie Presse*, 12 May 1909, p. 3 and "Arthur Schnitzler im Bilde seiner Zeit," *Neue Freie Presse*, 25 October 1931, p. 3.

[6] *bei Fr.* Possibly a reference to the industrialist Louis Philipp Friedmann (1864-1919), a mutual acquaintance of Schnitzler and Auernheimer.

Donnerstag Nachmittag hätt' ich Zeit. Aber, wenn es ihnen besser paßt, komm' ich auch anfangs nächster Woche.

Ihr herzlich ergebener

R. Auernheimer

[5]

Dr. Raoul Auernheimer   18. 4. 07.
Wien, III. Neulinggasse 13.

Hochverehrter Herr,

(was nicht ausschließt, daß auch Sie für mich ein sehr lieber Herr sind, aber ich verehre Sie nun einmal, ich kann mir nicht helfen) ich danke Ihnen für Ihren Brief.[7] Wenn Sie an einem der nächsten Tage zu mir kommen wollten, das wäre reizend. Ich bin täglich bis 12h zu Hause und habe momentan und in der nächsten Zeit gar keine Feuilletonsorgen,[8] so daß Sie mich ganz gewiß nicht stören. Die Enttäuschung, auf die Sie beim Besuch des Arenbergparks[9] rechnen, ist Ihnen sicher; sie wartet sogar schon v o r dem Park. (Sie sehen, ich beginne schon die Novelle[10]), insofern nämlich, als der Park zur Zeit gar nicht zugänglich ist. Aber vielleicht ändert sich das in den nächsten Tagen.

Was mich betrifft, so bin ich nächste Woche nur Mittwoch Nachmittag frei, und auch das ist nicht ganz sicher.

Ihr ergebenster

R. Auernheimer

[6]
[Postkarte]

Herrn Dr. Arthur Schnitzler   Wien, III. Neulinggasse 13.
Wien XVIII. Spöttelgasse 7.   6. 5. 07.

Verehrter Herr Doctor,

ich danke Ihnen für Ihren Gruß vom Gardasee[11] und für die angeregte

---

[7] *Brief.* This letter from Schnitzler has not been found.

[8] *Feuilletonsorgen.* Auernheimer joined the staff of the *Neue Freie Presse* in 1906 as a writer of *Feuilletons.* Following the retirement of Hugo Wittmann in 1908, he was appointed theater editor and *Burgtheater* critic and continued in this capacity until 1933 when he resigned voluntarily in protest against what he considered to be the fascist political tendencies of the newspaper.

[9] *Arenbergpark.* Park in the third district of Vienna a few steps from Auernheimer's home.

[10] *Novelle.* This appears to be a humorous comment concerning the way in which Auernheimer has formulated his description of the park rather than a reference to a specific work.

[11] *Gruß vom Gardasee.* This letter or postcard from Schnitzler has not been found.

Viertelstunde, die Sie mir heute bereitet haben. (Ich habe nämlich den "Tod des Junggesellen"[12] erst hier gelesen, wo die öster[reichische] Rundschau im Lesezimmer aufliegt.) Nach dem 10. bin ich wieder in Wien und werde mir dann erlauben, bei Ihnen anzuklopfen. Vielleicht haben Sie die Güte, mir einen Tag zu bestimmen, an dem ich gegen 1/2-7 kommen oder Sie zu einem kleinen Spaziergange abholen darf. Empfehlen Sie mich, bitte, Ihrer verehrten Frau.

Ihr ergebenster

R. Auernheimer

[7]

Dr. Raoul Auernheimer   22. 6. 07.
Wien.

Verehrter Meister,

ich würde Ihnen sehr gerne noch vor den Ferien die Hand drücken, will Sie aber nicht zu ungelegener Zeit überfallen. Vielleicht sind Sie so gütig, mir eine Zeile zu schreiben, ob ich Mittwoch oder Donnerstag gegen Abend zu Ihnen kommen oder Sie zu einem Spatziergang [sic] abholen darf. Falls Sie am Montag beim "Gott der Rache"[13] sind, so

---

12 *Der Tod des Junggesellen. Novelle* by Schnitzler, first published in *Österreichische Rundschau*, 15 (1 April 1908), 19-26. Now contained in *Die Erzählenden Schriften*, I.

13 *Gott der Rache.* Drama in three acts written in 1907 by Schalom Asch. Max Reinhardt with his Berlin Ensemble included this work among their guest performances in Vienna. Auernheimer reviewed both the performance and the work negatively, commenting in part: "Aber Schalom Asch schreibt weder Deutsch noch Hebräisch, sondern Neujüdisch, eine im Entstehen begriffene Sprache. Das eben ist das Besondere an ihm. Es handelt sich um eine ganz junge Literatur, die noch hinter den Ohren naß ist. Es handelt sich um jüdische Primeurs. Die Berliner Snobs schwärmen für Primeurs, wie alle Snobs. Sie schwärmen auch für die exotischen Reizungen. Das gewöhnliche weiße Stück reizt sie nicht mehr, sie wollen farbige, aus aller Herren Länder. Reinhardt ist das Haupt der Berliner Snobs. Er weiß, was seine Kundschaft will, er bedient sie. Herbert Eulenberg, der Mann mit dem Blut- und Leichengeruch ist ihm leider entgangen. Brahm hat ihn weggeschnappt. Da reiste Reinhardt nach Russisch-Polen und brachte Schalom Asch. Ein neujüdischer Dichter, der ein Freudenhaus auf die Bühne bringt, ein Stück 'aus dem Jüdischen': Reinhardt spürte: Damit läßt sich etwas machen. Und er irrte nicht. Für einen Teil der Wintersaison hat es zumindest gereicht. Und jetzt wird es in der Provinz verramscht. So tragen unsere Damen ihre nicht mehr ganz unberührten Abendkleider im Sommer auf dem Lande bis zur völligen Vernichtung. 'Auftragen' nennt man diesen Vorgang. 'Der Gott der Rache' wird jetzt aufgetragen.
   Es wäre ungerecht, all das den Dichter entgelten zu lassen. Denn ein Dichter scheint Schalom Asch zu sein, wenn auch nur ein müder, blasser Ghettodichter,

können Sie sich den Brief ersparen, dann sehe ich Sie im Theater. Mit Ihrer feinen Novelle[14] in der Pfingstbeilage haben Sie mir wie all den Ihrigen wieder eine große Freude bereitet, wofür ich Ihnen noch danken muß.

Sehr herzlich der Ihre

R. A.

[8]

Dr. Raoul Auernheimer   24. 6. 07.
Wien, III. Neulinggasse 13.

Lieber, sehr verehrter Herr,

es thut mir leid, daß ich Sie vor Ihrer Abreise[15] nicht mehr sehen konnte. Ich danke Ihnen für Ihren Brief und wünsche Ihnen alles Angenehme für den Sommer. Was uns betrifft, so gehen wir am Samstag oder Sonntag fort, zunächst über Berlin nach Drontheim (wo wir am 9. Juli eintreffen werden, Adresse "Thalia") dann nach Kopenhagen. Im letzten Drittel des Juli werden wir in Klampenberg oder Maria-List sein, am letzten Juli wieder in Wien. Den [sic] August müssen wir in der Nähe von Wien sein, wahrscheinlich am Semmering. Es ist möglich, daß ich auf ein paar Tage nach Waldbrunn fahre (in Tirol). Wenn Sie sich also an der Südbahnstrecke oder nicht allzuweit davon ansiedeln, so könnt' ich Sie möglicherweise besuchen. Vielleicht verraten Sie mir gelegentlich Ihre Adresse.

Ich habe kürzlich *Madame d'Ora*[16] von Jensen[17] gelesen, kann Hofmannsthals Begeisterung[18] nicht theilen; ich halte das Buch für einen

dessen Schaffen die tausendjährige, große jüdische Traurigkeit lähmt. Er ist kein starkes Talent, kein Pfadfinder, keiner, der voraussprengt im Aufklärungsdienst der Moderne. Weit eher ein Marodeur, der müde auf einem der letzten Leiterwagen sitzt. Um ein Theaterpublikum im Sturm zu nehmen, dazu fehlt ihm der Elan. Vielleicht wenn ihn einmal die große Traurigkeit verläßt.... Aber er weiß bei der Rast manch hübsches Geschichtchen aus seiner traurigen Heimat zu erzählen." "Berliner Gäste," *Neue Freie Presse*, 29 June 1907, pp. 1-2.

14 *Novelle.* Arthur Schnitzler, *Der tote Gabriel, Neue Freie Presse*, 19 May 1907, pp. 31-35. Now contained in *Die Erzählenden Schriften*, I.

15 *Abreise.* Schnitzler traveled with his wife through Carinthia and the Dolomites from 26 June until 13 September, 1907.

16 *Madame d'Ora.* Novel on the Faust theme set in the United States. Written by Johannes V. Jensen in 1904.

17 *Jensen.* Johannes Vilhelm Jensen (1873-1950), Danish author of novels, *Novellen*, myths, poems, and essays. Awarded the Nobel prize in 1944 for his epic novel, *The Long Journey*.

18 Hofmannsthal's comments must have been made orally, for his writings contain no mention of this novel.

28

ganz guten Bluff. Sehr schön ist der Schluß des Ganzen. Diese Bekanntschaft verdanke ich Ihnen.

Empfehlen Sie mich, bitte, Ihrer Frau und seien Sie von mir und der
meinigen herzlichst gegrüßt.

Ihr ergebener

R. Auernheimer

[9]
[Ansichtskarte - Karlskirche]

Herrn Dr. Arthur Schnitzler   30. 7. 07.
aus Wien
Waldbrunn bei Welsberg
Tirol

Lieber und sehr verehrter Herr Doctor,

Sehr herzliche Grüße aus dem neuester Zeit wieder so beliebten Wien
und vielen Dank für Ihre Karte,[19] die mir ins Nordland nachgereist ist.
Ich erhielt sie in Kopenhagen, nachdem ich tags vorher in Marienlist an
Sie gedacht hatte. Seit 2 Tagen sind wir wieder in Wien, wo es jetzt aber
gar nicht schön ist. Trotzdem werden wir wohl 1-2 Wochen bleiben. Aus
Waldbrunn höre ich, daß Ihr Herr Sohn[20] mit unserem Töchterchen[21]
bereits angebandelt hat. Er soll sich vor ihr in Acht nehmen. Sie ist eine
kleine Kokotte. Reizend wäre es, wenn ich Sie noch in Waldbr[unn]
anträfe. Es wird sich wohl im Lauf des Aug[ust] machen, daß wir hin-
kommen. Herzliche Grüße von meiner Frau an Sie und die Ihrige.

Ganz Ihr

R. A.

[10] TO[22]
Hinterbrühl, 6. 6. 1908.

Lieber Dr. Auernheimer,

Ihr schönes Feuilleton[23] hat mir große Freude bereitet. Es hat mich

19 *Ihre Karte.* Not found.
20 *Ihr Sohn.* Dr. Heinrich Schnitzler, at present Director of the *Josefstädtertheater* in
Vienna.
21 *Töchterchen.* Clara (Auernheimer) Fellner who now resides in Berkeley, California.
22 Schnitzler's letters, unlike those of Auernheimer, are not all handwritten. For that
reason we have indicated the format of the original according to the following code:
HO means handwritten original, TO typewritten original, and TC typewritten copy.
23 *Feuilleton.* Auernheimer's review of Schnitzler's novel *Der Weg ins Freie* appeared
in the *Neue Freie Presse*, 3 June 1908, pp. 1-3.

eigentümlich berührt das Lebensjahr des jungen Wergenthin,[24] aus dem ich einen Roman gemacht habe, kunstvoll in eine Skizze gedrängt kritisch betrachtet — und doch gewissermaßen neu geformt, ja sogar menschlich neu gesehen, vor mir abrollen zu lassen. Neu gesehen, sage ich, denn in einem Punkte besonders scheinen Sie mir meine eigene Idee in einer Richtung hin zu verfolgen, nach der meine Blicke sich nicht gewandt haben. Daß sich Künstlertum und bürgerliches Glück (das, was wir beide unter diesen beiden Dingen verstehen) nicht vereinigen lassen, mag in dem Falle zutreffen, den ich darzustellen versucht habe — und in vielen anderen; als allgemeiner Satz hat er wohl keine Geltung (gibt es überhaupt allgemeine Sätze, die Geltung haben, wenigstens innerhalb des Seelischen?).

Es ist sehr fein, wie Sie die Arie vom "Weg ins Freie,"[25] die Heinrich Bermann[26] im 6. Kapitel mit etwas bewegter Stimme singt, als die Melodie von Annas und Georgs Schicksal empfinden lassen — aber es klingt Ihnen von irgendwoher ein Kontrapunkt mit, der nicht in der Tiefe meines Werkes tönt. Und wie Sie hier vielleicht zu sehr ins Weite und Allgemeine wiesen, so haben Sie sich dort, wo Sie auf jene "andere Hälfte der Wiener Gesellschaft"[27] zu sprechen kamen, zu sehr beschränkt. Hat Sie Elschen wirklich so sehr gefesselt, daß Ihnen die in diesem Zusammenhang vielleicht wichtigere Figur des Heinrich Bermann (auch des Leo Golowsky) im Schatten eines freilich noch immer rühmlichen Hintergrundes ver-

---

24 *Lebensjahr des jungen Wergenthin.* Schnitzler is referring to Auernheimer's view that *Der Weg ins Freie* is really a *Novelle* rather than a novel. Auernheimer had written: "Dann in den folgenden Kapiteln entwickelt sich der Roman, oder richtiger: der Roman des Helden, des Freiherrn v. Wergenthin, der eigentlich eine Novelle ist." *Ibid.*, p. 2.

25 *Der Weg ins Freie.* Arthur Schnitzler, *Der Weg ins Freie* (Berlin, 1908). Now contained in *Die Erzählenden Werke*, I.

26 *Heinrich Bermann.* This and the other names mentioned in this letter refer to characters in *Der Weg ins Freie.*

27 *"andere Hälfte der Wiener Gesellschaft."* Schnitzler is referring to Auernheimer's comment concerning the inadequate blending of the two halves of the novel: "Georg wird übrigens auch noch von einer anderen Frau geliebt, die heißt Else Ehrenberg, und das ist die andere Hälfte des Romans. Dem reinen Profil Annas steht das dunklere und geistreichere der schönen Else gegenüber, und zwischen beiden der Baron, wie eine Brücke, die diese beiden Hälften der Wiener Gesellschaft mit einander verbindet. Aber es gibt da wohl keine Brücke, wenigstens nicht auf die Dauer, der junge Baron geht ja zum Schluß nach Detmold.... Wichtiger ist, daß er im Roman die Verbindung herstellt, denn nur durch diese Ergänzung nach der anderen Seite hin, der Ehrenberg'schen wird die Novelle vom jungen Herrn v. Wergenthin das, was sie nach Absicht des Dichters werden sollte: ein Wiener Roman." Raoul Auernheimer, *"Der Weg ins Freie,"* *Neue Freie Presse*, 3 June 1908, p. 2.

schwand? Oder (was mir das Plausiblere ist) durfte der Kritiker der Neuen Freien Presse[28] nur von fern andeuten, wo Raoul Auernheimer manches starke und klare Wort gefunden hätte? Das, was ich hierzu niedergeschrieben habe, kommt kaum in Betracht gegenüber dem warmen Ton von Sympathie und Verstehen, auf den Ihr Feuilleton im Ganzen gestimmt ist, aber unaufrichtig wäre es mir erschienen, hätte ich Ihnen meine kleinen Bedenken verschwiegen, ehe ich Ihnen, in der wohltuenden Empfindung einem Freund gegenüberzustehen, noch von ganzem Herzen die Hand drücke.

Ihr

A. S.

[11]
[Ansichtskarte - Rom]

Sgr. Dr. Arthur Schnitzler   20. 4. 09.
Wien XIX. [sic]
Spöttelgasse 7

Schönstens grüßt Sie aus Rom Ihr herzlich ergebener Auernheimer.
Wir verleben hier herrliche Tage und werden ganz traurig, wenn wir an die Rückreise denken. Viele herz[liche] Grüße Ihnen beiden von

Irene Auernheimer

[12]
[Ansichtskarte - Madonna di Campiglio]

Herrn   10. 8. 09.
Dr. Arthur Schnitzler
Edlach b. Reichenau
Edlacherhof
Nieder-Österreich

Gratuliere uns und Ihnen zum jungen Herrn Medardus.[29] Jetzt hat man

---

28 *Kritiker der Neuen Freien Presse.* Schnitzler is questioning whether Auernheimer in his capacity as critic for the *Neue Freie Presse* was prevented by some policy of censorship from writing his real opinion concerning the Jewish question that is present in *Der Weg ins Freie.* Schnitzler raises this same issue again in letter 20. Auernheimer (letter 21) agrees that there would be much more to say on this problem but withholds his opinion for a conversation.

29 *Medardus.* Arthur Schnitzler, *Der junge Medardus, dramatische Historie in einem Vorspiel und fünf Aufzügen* (Berlin, 1910). Now in *Die Dramatischen Werke,* II. Auernheimer reviewed this work in his last *Feuilleton* for the *Neue Freie*

wenigstens einen Grund sich auf die nächste Saison zu freuen. — Alles
Schöne aus Madonna di Campiglio Ihnen und Ihrer verehrten Frau.

Raoul Auernheimer

Herrlich schön ist es hier, man hat zu gar nichts anderem Lust als den
ganzen Tag spazieren zu gehen. Herzliche Grüße an Sie beide von

Irene Auernheimer

[13] HO

Dr. Arthur Schnitzler   Wien, 7. Mai 1910.
Wien XVIII. Spöttelgasse 7.

Lieber Herr Doctor,

"Die Gesellschaft,"[30] Ihr neues Stück (Zusendung verdanke ich wohl
Ihnen) hab ich wirklich in dem berühmten "einen Zug" gelesen — es
hat mich gefesselt, amüsiert, nachdenklich gemacht — alles aber im
allerbesten Sinn (aber nicht wahr, wir genieren uns doch nicht, wenn wir
nebstbei auch amüsant sind) — und mir will scheinen, daß es von allen

Presse that concerned Schnitzler, stating in part: "...denn dieses Werk, in dem ein
nur scheinbar privates Schicksal sich mit einem großen geschichtlichen Hintergrund
zu einem Bilde Österreichs verwebt, hat etwas Allgemeingültiges, und heute mehr
als vor zwanzig Jahren. Was dazu kam, ist die Perspektive des Weltkrieges, die
gewisse aristophanische Züge des satirisch gesehenen Wiener Wesensbildes deutlicher
hervortreten läßt. Wien im Kriege, das ist ein Thema, über das sich auch scherzen
läßt, und Schnitzler meinte es ernst genug, um sich diese Scherze erlauben zu
dürfen....

Hier, in dieser auch dramatisch meisterhaft gewendeten letzten Szene, die von
Corneille erfunden sein könnte, wenn sie nicht von Schnitzler ausgeführt wäre,
entschleiert sich uns zugleich die tiefere Bedeutung und der sittliche Kern des
ganzen Werkes. Medardus zum Helden nicht gemacht, stirbt dennoch als ein
Held. Es ist ein österreichisches, vielleicht sogar d a s österreichische Schicksal.
Im 'Jungen Medardus,' dessen Handlung bei hamletischen Zügen auch manches
mit Tolstois 'Krieg und Frieden,' zum Beispiel die romanhafte Grundanlage, gemein hat, steht Schnitzler als Charakteristiker auf seiner Höhe. Weder das 'Weite
Land' noch der 'Professor Bernhardi' übertrifft seinen Medardus in diesem
Punkte. Wie fein ist jede Figur angelegt, wie subtil ausgeführt, wie unvergeßlich
geprägt...

Zumal die Volksszenen schlugen ein, die zum ungezwungenen Besten gehören,
was Schnitzler je gemacht hat und, durch neuere Erfahrungen beglaubigt, heute
so zeitgemäß wirken wie eh und je." "Wildgans und Schnitzler — *Der junge Medardus,*" *Neue Freie Presse*, 8 May 1932, pp. 2-3.

30 *Die Gesellschaft.* Raoul Auernheimer, *Gesellschaft, Mondäne Silhouetten* (Berlin,
1910), a volume containing ten short dramatic scenes, including *Eine Bridgepartie*
and *Sanatorium für Nervöse* mentioned by Schnitzler later in this letter.

Ihren Büchern auch das künstlerisch einheitlichste ist. Da ich kein Theaterdirector bin, trage ich mich auch mit der Idee, ob es nicht, als ganzes, so wie es geschrieben ist, zu spielen wäre. Ein paar Scenen unbedingt. Die Scene zwischen jungem Herrn und junger Frau z. B. — dieses charmante Gegenstück zu dem congruenten (und doch so andrem) Paar aus dem Reigen. Und die Bridgepartie. Gekannt hab ich nur das "Sanatorium" (das übrigens auch auf der Bühne famos wirken müßte.) Ihr ganzes Buch ist wieder einmal ein Beweis dafür, daß die Grazie nicht unbedingt "müd" und der Skeptizismus nicht "kühl"[31] sein müssen, wie von mehr oder minder Bodenständigen behauptet wird.

Auch meine Frau, in gleichem Wohlgefallen an Ihrem Buch, dankt Ihnen (in ihrer Vorliebe für Kinderkrankheiten hat sie eben einen "Mumps" überstanden) — wir wollen demnächst in die Schweiz auf circa 14 Tage — gleich nach Pfingsten; sehen wir Sie vorher nicht, so dann auf Wiedersehen hoffentlich sehr bald nach unserer Rückkehr.

Schönste Grüße von Haus zu Haus.

Ihr
Arthur Schnitzler

[14]

Dr. Raoul Auernheimer   8. Mai 1910.
Wien, III. Neulinggasse 13.

Verehrter Herr Doctor,

ich danke Ihnen für Ihren guten Brief, der mir sehr wohl thut, denn ich kenne wenige Menschen (von Schriftstellern ganz zu schweigen), auf deren Urtheil ich annähernd so großen Wert legen würde als auf das Ihrige, das ich frei und unabhängig und völlig unbeeinflußt von allen literarischen Constellationen und Machenschaften weiß. — Was meinen Besuch bei Ihnen anbetrifft, so wollte ich vorige Woche hinauskommen, empfing aber die betrübliche Mitteilung, daß Ihre Frau von einer neuen Kinderkrankheit befallen sei, und nahm an, daß mein Besuch unter solchen Umständen nicht erwünscht wäre. Wenn Sie erlauben, komme ich Dienstag um 1/2 7 zu Ihnen. Sollten Sie verhindert sein, so sehe ich Sie wohl bei den Reinhardtvorstellungen.[32] Im zustimmenden Fall, ersparen

31 Schnitzler is making ironic use of the terms "Müde Grazie" and "Kühler Skeptizismus" which had become clichés frequently applied to his works by critics of the time.

32 *Reinhardtvorstellungen*. Max Reinhardt gave guest performances with his Berlin Ensemble in the *Theater an der Wien* from 11-29 May, 1910. Auernheimer reviewed the performances of Shakespeare's *Der Kaufmann von Venedig* and Hebbel's *Judith* in a *Feuilleton* entitled "Reinhardt," *Neue Freie Presse*, 15 May 1910, pp. 1-3.

Sie sich bitte, diesmal und auch künftig die Antwort. Wenn Sie mir n i c h t schreiben, so komme ich. Herzlich ergeben

Ihr R. A.

Auch Ihrer Frau Gemahlin danke ich und küsse ergebenst die Hand.

[15]

Dr. Raoul Auernheimer   6. 7. 10.
Wien, III. Neulinggasse 13.

Verehrter Doctor Schnitzler,

ich stehe noch zu sehr unter dem unmittelbaren Eindruck Ihrer schönen Medardus Dichtung,[33] als daß ich ein in allen seinen Theilen sorgfältig abgewogenes Urtheil Ihnen zu geben vermöchte. Lassen Sie mich daher vorerst Ihnen nur ganz allgemein für den Genuß danken, den mir die Lektüre Ihres neuen Werkes, wie aller Ihrer früheren, im hohen Maße verschafft hat. Das Schicksal Ihres Wiener Hamlet (so faß' ich ihn auf) hat mich im Lesen merkwürdig erregt und ergriffen. Eine schöne Gestalt, in eine interessante Zeit gestellt, deren mannigfache Interessen Sie kunstvoll mit dem Schicksal der Hauptfigur zu verweben wissen. Mag sein, daß das Gewebe für die Normalbühne ein wenig zu romanhaft-breit geraten ist: Eine Dichtung von hohem Reiz ist es jedenfalls, die Ihnen da geglückt ist, ein Kunstwerk von einer eigenwilligen Schönheit, für das Ihnen wieder Tausende danken werden.

Herzlich ergeben

Raoul Auernheimer

[16]

Dr. Raoul Auernheimer   3. 10. 10.
Wien, III. Neulinggasse 13.

Verehrter Herr Doctor,

vorgestern Abend waren Sie bei uns. Ich habe meiner Frau Ihren ersten Act[34] aus der "Österr[eichischen] Rundschau" vorgelesen, und wir haben uns an dem wundervollen Dialog nach Gebür [sic] delektiert. Aber nicht, um Ihnen dies mitzuteilen, schreibe ich, sondern um Sie zu fragen, ob Sie Donnerstag gegen 1/2 7 Uhr Abend mein Besuch nicht stört. Sollten

[33] *Medardus Dichtung.* See note 29.
[34] *Ihren ersten Act.* The first act of Schnitzler's drama *Das weite Land* appeared in the *Österreichische Rundschau*, 25 (1 October 1910), pp. 30-48.

34

Sie an diesem Tage nicht frei sein, so haben Sie vielleicht die Güte, mir selbst zu bestimmen, wann ich kommen darf (um dieselbe Zeit und an einem beliebigen Tage). Im Zustimmungsfalle genügt ein einfaches "Ja" auf einer Correspondenzkarte.

Mit herzlichen Grüßen von Haus zu Haus in aufrichtiger Verehrung

R. A.

[17]

Dr. Raoul Auernheimer   18. 10. 10.
Wien, III. Neulinggasse 13.

Verehrter Herr Doctor,

ich bin Ihnen noch den Dank schuldig für den hohen Genuß, den Sie mir durch die Lektüre Ihres neuen Werkes "Das weite Land"[35] verschafft haben. Ich habe es erst in den letzten Tagen gelesen, da ich vorher mit incongruenter Mußlektüre überhäuft war, und da ich überdies die vier Acte möglichst in einem Zuge lesen wollte. Dies ist nunmehr geschehen; meinen Eindruck resumierend kann ich nur sagen, daß ich das Entzücken und die Hoffnungen Ihrer Freunde durchaus theile. Näher auf die Dichtung einzugehen verbietet mir der Umfang dieser Karte und die Rücksicht auf Ihre Zeit. Ich hoffe, das bei Gelegenheit nachtragen zu dürfen, und werde ja wohl auch früher oder später in die Lage kommen, über Ihr Stück zu s c h r e i b e n;[36] worauf ich mich, ansonsten nicht eben ein Freund schriftlicher Meinungsäußerung, in diesem Falle herzlichst f r e u e.

Ich empfehle mich Ihnen und Ihrer Frau Gemahlin,

ergebenst der Ihrige
R. A.

[18] HO

Dr. Arthur Schnitzler   21. X. 1910.
Wien, XVIII. Sternwartestrasse 71[37]

Lieber Herr Doctor, es freut mich sehr, daß Sie am "W[eiten] L[and]" Gefallen finden. Wie die Dinge nun stehen, dürfte die Premiere[38] im

---

35 *Das weite Land.* Arthur Schnitzler, *Das weite Land, Tragikomödie in fünf Akten* (Berlin, 1911). Now in *Die Dramatischen Werke*, II.
36 Contrary to his expectations Auernheimer never reviewed *Das weite Land.*
37 *Sternwartestrasse* 71. Schnitzler moved to this address on 16 July 1910.
38 *Die Premiere.* The premiere of *Das weite Land* was held in the *Lessingtheater* in Berlin on 14 October 1911.

Feber bei Brahm[39] stattfinden, — und die Burg,[40] (die vorläufig über keinen Hofreiter[41] verfügt (was übrigens auch Brahm von sich behaupten kann) wird wohl dem Medardus nicht gleich ein Stück desselben Autors folgen lassen können) erst im Herbst folgen.

So fürchte ich sehr, daß in der N[euen] Fr[eien] P[resse] sich ein anderer als Sie über das W[eite] L[and] wird vernehmen lassen, ein anderer — der sich in ein minder herzliches Verhältnis dazu stellen dürfte. Es sei denn, daß ich das Buch v o r der Aufführung erscheinen lasse, wozu mir Ihre guten Worte in manchem Sinne Lust machen. Wir sprechen uns noch, und bald, und über allerlei.

Schöne Grüße von Haus zu Haus

Ihr
A. S.

[19] HO

Dr. Arthur Schnitzler   21. X. 1910.
Wien XVIII. Sternwartestrasse 71.

Lieber Herr Doctor, es freut mich sehr, daß Sie am "W[eiten] L[and]" Gefallen finden. Wie die Dinge nun stehen, dürfte die Erstaufführung im Feber 1911 bei Brahm stattfinden — v o r der Burg (die vorläufig über keinen Hofreiter verfügt — was übrigens auch Brahm von sich behaupten darf — und überdies dem Medardus nicht so geschwind ein Stück desselben Autors folgen lassen kann). So fürcht ich sehr, daß in der N[euen] Fr[eien] Pr[esse] sich ein andrer als Sie über das W[eite] L[and] wird vernehmen lassen, ein andrer, dem es, nach seinen Antezedentien zu schließen, kaum gelingen dürfte, sich in ein so herzliches Verhältnis dazu zu stellen. Es sei denn, daß ich das B u c h v o r der Berl[iner] Aufführung erscheinen lasse, wozu mir Ihre guten Worte in manchem Sinne Lust machen. Auf sehr bald — und herzliche Grüße von Haus zu Haus.

Immer
Ihr
A. S.

[39] *Brahm.* Otto Brahm (1856-1914). One of the most important and influential theater men of his day. Founder and first president of *Die freie Bühne* in Berlin and founder and chief editor of the journal *Freie Bühne für modernes Leben* (later *Die neue Rundschau*). From 1894 Brahm served as director of the *Deutsches Theater* in Berlin where a number of Schnitzler's plays were premiered. See *Der Briefwechsel Arthur Schnitzler — Otto Brahm*, ed. Oskar Seidlin (Berlin, 1953).

[40] *Burg.* The Vienna *Burgtheater.*

[41] *Hofreiter.* Name of the principal character in *Das weite Land.*

Wiederholt, weil ich nicht weiß, ob meine ungefähr gleichlautende Karte aufgegeben wurde.

[20] HO

Dr. Arthur Schnitzler   6. 12. 1910
Wien XVIII. Sternwartestrasse 71

Lieber Herr Doctor,

Man kann Ihnen natürlich nicht jedes Mal auf eines Ihrer schönen Feuilletons schreiben — so wählt man sich eitler Weise vor allem die,[42] in denen man selbst aufzutreten und über Gebühr gefeiert zu werden die Ehre hat. Also, Sie haben mir wieder einmal eine rechte Freude gemacht. Die Atmosphäre des Anatol[43] ist von Ihnen so wunderbar fein empfunden und erklärt, die Gestalt so gut auseinandergesetzt und gelegt. Der Einfluß des alten Burgtheaters — wie wahr! (auch im Medardus ist er zu spüren "und unser Vetter der Marquis? . . ."[44] Aber sagen Sie's nicht weiter!!). Ob nicht also das jüdische im Anatol stärker hervortritt als das hausherrnsöhnliche? Doch ich vergesse, daß es in der N[euen] Fr[eien] Pr[esse] — unter dem Strich keine Judenfrage gibt, also auch keine Judenantwort, also auch keinen Judendialog.[45] Morgen fahr ich nach München[46] — wir sehen einander hoffentlich sehr bald.

[42] Auernheimer reviewed Schnitzler's comedy *Anatol* on the occasion of its presentation at the *Deutsches Volkstheater* in Vienna and commented: "Es gibt eben zweierlei Dramatiker; solche, die den Dramaturgen und Schauspieldirektoren unmittelbar imponieren, weil ihre Stücke voll von dem konventionellen Bumbum und Trara des antiquierten Theaters sind; und solche, die wirkliche dramatische Dichter sind und die man in ihren Anfängen infolgedessen meist für Novellisten hält. In diese Kategorie gehört Arthur Schnitzler; seine Stücke, obwohl oft lyrisch oder novellistisch anmutend, sind doch alle mit der sympathetischen Tinte des echten Dramatikers geschrieben, deren Schrift erst bei künstlichem Licht lesbar wird. Man braucht sie nur aufzuführen, und sie wirken. Das hat man dieser Tage erst beim Anatol gesehen. Wie eigen ist doch das Schicksal dieses Werkes. Seinerzeit, als es erschien, hat man die Einaktersammlung nicht einmal als Buch gelten lassen wollen. Jetzt, hinterher, bemerkt man, daß sie sogar ein bühnenwirksames Drama enthält. . . ." *Neue Freie Presse*, 6 December 1910, p. 2.

[43] *Anatol.* First edition Berlin 1893. Now in *Die Dramatischen Werke*, I.

[44] *"und unser Vetter der Marquis."* Quotation from *Der junge Medardus, Die Dramatischen Werke*, I, p. 81. Precisely how this reflects the influence of the old *Burgtheater* style, as Auernheimer suggests and Schnitzler agrees, is unclear, unless it be in the rhetorical declamatory style and tone.

[45] Schnitzler in connection with Auernheimer's review of *Der Weg ins Freie* had previously alluded to what he considered to be a policy of the *Neue Freie Presse* to avoid discussion of the Jewish question. See letter 10. The phrase "unter dem Strich" is a reference to the format of the *Neue Freie Presse* and other dailies which

Schöne Grüße von Haus zu Haus — und einen herzlichen Händedruck dem Versteher und Freunde.

Ihr

Arthur Schnitzler

[21]

Dr. Raoul Auernheimer   17. 10. 1911.
Wien, III. Neulinggasse 13.

Verehrter Herr Doctor,

ich hatte in den letzten Tagen viel unaufschiebliche Arbeit, und so komme ich erst heute dazu, Ihnen für das neue Buch,[47] das ich den übrigen Widmungsexemplaren mit Genugthuung anreihe, zu danken und Sie zu Ihrem schönen Erfolg[48] herzlichst zu beglückwünschen. Es war nämlich ein schöner, d. h. ein tiefer und nachhaltiger Erfolg, trotz der verhältnismäßigen Reserviertheit Ihrer kritischen Freunde,[49] über die Sie sich als Menschenkenner wohl schwerlich gewundert haben dürften. Wie mich der Hochmut dieser Herren "d i e s e r Gesellschaft" gegenüber amüsiert. Als ob wir eine andere besäßen. Und als ob die andere, die es nicht gibt, besser wäre. Schließlich, es kann doch nicht jeder von uns ausschließlich in der Kapuzinergruft spatzieren [sic] gehen[50] und mit Karczag[51] und Sliwinsky[52] Poker spielen. Es muß auch anspruchslosere Menschen geben.

set off the lower portion of the front page for *belles·lettres*. It is in this space that Auernheimer's *Feuilletons* always appeared. See Raoul Auernheimer, "Unter dem Strich," *Neue Freie Presse*, 21 January 1936, p. 9.

[46] On 8 December 1910, Schnitzler traveled to Munich to give a public reading of his work in the *Hotel Vier Jahreszeiten*, returning to Vienna on 13 December. He read the second scene of the 'Vorspiel' to *Der junge Medardus*, *Leutnant Gustl*, and *Weihnachtseinkäufe* from *Anatol*.

[47] *das neue Buch*. Presumably *Das weite Land*.

[48] *Erfolg*. The premiere of *Das weite Land* was held both at the *Lessingtheater* in Berlin and the *Burgtheater* in Vienna on 14 October 1911.

[49] *Ihrer kritischen Freunde*. According to a telegram from Brahm to Schnitzler, the critics in Berlin were divided on *Das weite Land*. At the same time, he congratulated Schnitzler on his success in Vienna. *Der Briefwechsel Arthur Schnitzler — Otto Brahm*, ed. Oskar Seidlin, p. 248.

[50] *In der Kapuzinergruft spatzieren gehen*. The *Kapuzinergruft* or *Kaisergruft* is the traditional burial place of the Habsburg emperors in the *Kapuzinerkirche* of Vienna. In the present context, Auernheimer is making ironic reference to the social snobbism of one segment of society.

[51] *Karczag*. Wilhelm Karczag (1857-1923). One of the most important music publishers in Vienna and from 1903 owner of the *Theater an der Wien*, which through successful management made him a wealthy man.

[52] *Sliwinski*. Josef von Sliwinski (1865-1930). Polish pianist.

Darüber wäre noch allerhand zu sagen — über dieses falsche "Nobeltun"
und dieses "Von-den-Juden-nichts-wissen-wollen," das immer in den Vor-
dergrund gerückt wird, wenn das Wiener Gesellschaftsproblem litterarisch
zur Discussion steht. Hoffentlich habe ich recht bald Gelegenheit, mit
Ihnen im Gespräch näher darauf einzugehen. Einstweilen empfehle ich
mich Ihnen und Ihrer verehrten Frau Gemahlin,

herzlich ergeben
Raoul Auernheimer

[22] TO

Dr. Arthur Schnitzler   18. 10. 1911.
Wien, XVIII. Sternwartestrasse 71

Lieber Herr Doktor,

Für Ihren lieben und wohltuenden Brief drücke ich Ihnen herzlich
die Hand. Es ist ja merkwürdig: bei aller Menschenkennerei, die Sie so
freundlich sind mir zuzumuten; die fabelhafte Bestimmtheit und die sti-
listische Fertigkeit, mit der manche Leute absoluten Blödsinn in die Welt
hinauszuschicken verstehen, hat etwas geradezu Suggestives; und besonders
wenn man Partei in der Sache ist, hat man einige Angst davor, empfind-
lich oder gar ungerecht zu werden. So beruhigt es mich sehr mein persön-
liches Gefühl durch Ihre Überzeugung bestätigt zu finden.

Auf sehr baldiges Wiedersehen, nochmals herzlichen Dank und viele
Grüße von Haus zu Haus.

Ihr
Arthur Schnitzler

[23]

[Ansichtskarte - Alt Aussee]

Herrn Dr. Arthur Schnitzler   17. 8. 12.
aus Wien
Brioni bei Pola

Verehrter Doctor Schnitzler,

wir danken vielmals für die freundlichen Grüße aus Brioni,[53] wo Sie
sich, wie wir von gemeinsamen Freunden hören, so erfreulich wohl fühlen.
Auch wir sind mit unserem Sommer recht zufrieden. Von den ländlichen

---

[53] *Brioni.* Schnitzler visited the island of Brioni near Pola with his family from
20-24 August 1912.

Freuden ganz abgesehen, die allerdings durch häufige Regengüsse einigermaßen beeinträchtigt sind, ist auch für allerhand epische und musikalische
Genüsse gesorgt, die auschließlich von ortsansässigen Künstlern bestritten werden, aber keineswegs . . . . [The remaining two lines are
illegible.]

[24]

Dr. Raoul Auernheimer   2. 10. 1912.
Wien, III. Neulinggasse 13.

Verehrter Doctor Schnitzler,

herzlichen Dank für Ihre lieben Worte und die freundschaftliche Ermunterung.[54] Ich habe den Einakter[55] vor zwei Jahren geschrieben, um
den Einfall noch frisch unter Dach zu bringen; habe aber schon damals
mit dem Gedanken gespielt — und spiele noch immer damit — ein
dreiaktiges Stück daraus zu machen. Die Ermutigung, die Sie mir durch
Ihre principielle Anerkennung des Themas und seiner Möglichkeiten zuteil
werden lassen, bestärkt mich in meiner Absicht natürlich ungemein. Sobald
ich einen freien Kopf habe — was augenblicklich nicht der Fall ist, da
ich mit dem noch immer leidenden dritten Akt meines neuen Lustspiels[56]
befaßt bin — will ich mich wieder über das Thema hermachen und
meine Notizen hervorsuchen. Übrigens liefert das Leben in unserer sogenannten "Gesellschaft" täglich neue, so daß ich um Material nicht verlegen sein dürfte.

Ich lese jetzt zum Zwecke dramaturgischer Belehrung wiederholt in
Ihren Stücken, und ich bitte Sie, nicht allzu erstaunt zu sein, wenn ich
mich auf diesem Wege im Anschluß an die bereits bestehende und in den
Unterrichtsanstalten zugelassene Meinung zu so etwas wie Ihrem Schüler
entwickle. — Im Ernst gesprochen: Ich wüßte keine drei Schriftsteller
zu nennen, denen ich künstlerisch ebenso viel zu verdanken hätte wie

---

54 *Ermunterung.* The letter mentioned has not been found.
55 *Einakter.* Raoul Auernheimer, *Der Unverschämte* (Berlin, 1912). This comedy in
   one act involves a young lover, who is cured of his romantic inclinations for a
   married woman, when he discovers that he would not be deceiving just one man
   but several. The intention to expand this work into the three acts was not
   carried out.
56 *meines neuen Lustspiels.* Raoul Auernheimer, *Das Paar nach der Mode* (Berlin,
   1913), comedy in three acts, satirizes the fashionable views on marriage held by
   young members of the social set.

Ihnen, und keinen einzigen, dem ich, was ich ihm zu danken habe, lieber verdankte.[57]

Sehr herzlich und mit den besten Grüßen, auch von meiner Frau,

Ihr aufrichtig ergebener
Raoul Auernheimer

[25]
[Telegramm]

BERNHARDI[58] SOEBEN ZU ENDE GELESEN GRATULIERE VON GANZEM HERZEN ZU DIESEM PRAECHTIGEN STUECK DAS NUR SIE SCHREIBEN KONNTEN UND SCHREIBEN MUßTEN NAEHERES MORGEN

Auernheimer

[26] HO

Dr. Arthur Schnitzler   20. 12. 1912
Wien XVIII. Sternwartestrasse 71

Herzlichen Dank, lieber Freund, für die Übersendung Ihrer neuen Novelle;[59] ich habe sie mit innigem Vergnügen gelesen — hier ist ein Humor,

---

57 Auernheimer repeated this acknowledgement publicly in his contribution to the article "Arthur Schnitzler zu seinem sechzigsten Geburtstag," *Die Neue Rundschau*, 33 (1922), 499 and in his autobiography, *Das Wirtshaus zur verlorenen Zeit* (Wien, 1948), pp. 91-92. See also letter 67 of 16 May 1928.

58 *Bernhardi*. Arthur Schnitzler, *Professor Bernhardi, Komödie in fünf Akten* (Berlin, 1912). Now in *Die Dramatischen Werke*, II. The premiere of this work was held at the *Deutsches Volkstheater* in Vienna on 21 December 1918. In his review Auernheimer criticized the Austrian censorship which had prohibited the performance of this play for six years. He then attempted to counteract the prevailing view that *Professor Bernhardi* was a *Tendenzstück*: "Es gibt aber kein Tendenzstück ohne Verallgemeinerung und Schnitzlers 'Professor Bernhardi' ist auch keines. Es ist ein Problemstück, das, von einer auf dem Theater neuen Situation ausgehend, ein interessantes Problem auf eine geistreiche und dramatisch meisterhafte Art durch fünf Akte entfaltet. Erst das ungerechtfertigte, auch vom Standpunkt religiöser Empfindlichkeiten nicht zu rechtfertigende Verbot des Dramas hat einen tendenziösen Zug hineingetragen, nicht zum Schaden der Wirkung, wie die Aufnahme im Theater erwiesen hat, wohl aber zum Nachteil der Gerechtigkeit. Um diese aber ist es dem Dichter vorzüglich zu tun, eben weil er ein Dichter und weil er der Dichter ist, als den wir ihn verehren. An sich hätte ja das Problem zu einer parteiischen Gestaltung reizen können; man konnte es im Sinne des Glaubens oder der Aufklärung entwickeln. Schnitzler tut keines von beiden. Er ist weder Verteidiger noch Staatsanwalt, sondern Richter, wie es der Dichter sein soll." "Professor Bernhardi," *Neue Freie Presse*, 24 December 1918, pp. 2-3.

59 *Ihrer neuen Novelle*. Raoul Auernheimer, *Laurenz Hallers Praterfahrt* (Berlin,

41

der so im Wesen der Dinge athmet, daß er sich's erlauben darf, einfach nach dem Gesetz der Entwicklung, am Ende Tragik zu werden. (Was der Witz nie kann, der sich nur ins Groteske zu steigern vermag. —) Womit ich übrigens diese Fragen nicht endgültig entschieden zu haben hoffe.

Viele Grüße von uns zu Ihnen

Ihr
Arth. Sch.

[27]

Dr. Raoul Auernheimer   26. 5. 1913.
Wien, III. Neulinggasse 13.

Verehrter Herr Doctor,

Darf ich Sie Mittwoch nach 6h besuchen? Ich höre, daß Sie anfangs Juni verreisen und möchte nicht gerne um den mir freundlichst bewilligten Plausch kommen, auf den ich vorige Woche zu meinem größten Bedauern leider verzichten mußte. Auch habe ich Ihnen allerhand über Ihre neue Novelle[60] zu sagen, die ich in den letzten Tagen in Ihrem Auftrag vom Verlag[61] erhielt und selbstverständlich gleich in einem Zug durchgelesen habe. Ich finde das Motiv frappant, neu und ebenso kühn entwickelt als geistreich gestaltet. Nur der Schluß, dessen Unerschrockenheit ich anerkenne, macht mir, wenn ich aufrichtig sein soll und darf, innerlich noch einige Bedenken. Worüber ich eben, wenn's erlaubt ist, gern mit Ihnen reden möchte.

Hofmannsthals,[62] bei denen wir vorigen Sonntag waren, lassen Sie und Ihre Frau vielmals grüßen und würden sich herzlich freuen, Sie bald zu sehen. — Da es doch immerhin noch nicht ganz sicher ist, ob ich Sie Mittwoch sehen werde, entledige ich mich dieses Auftrags lieber gleich.

Aufrichtig der Ihrige,

Auernheimer

1913). Possibly Auernheimer's best *Novelle* and generally regarded as one of his finest works. A frivolous ride in an open carriage through the *Prater* to satisfy a foolish whim of his wife eventually leads to Haller's suicide. This is one of the very few instances in Auernheimer's writings in which a story ends tragically.

60 *Ihre neue Novelle.* Arthur Schnitzler, *Frau Beate und Ihr Sohn* (Berlin, 1913). Now in *Die Erzählenden Schriften*, II. Unfortunately, Auernheimer did not review this work to explain his reservations about the conclusion in detail.

61 *Verlag. S. Fischer Verlag.* Apparently Schnitzler had arranged to have his works sent to Auernheimer directly from the publisher as they appeared.

62 *Hofmannsthals.* Hugo von Hofmannsthal (1874-1929) and his wife Gerty, who lived in Rodaun near Vienna, were mutual friends of Schnitzler and Auernheimer. See *Hugo von Hofmannsthal—Arthur Schnitzler Briefwechsel*, ed. Therese Nickl and Heinrich Schnitzler (Frankfurt am Main, 1964).

42

[28] TC

Wien, 25. 5. 1913.[63]

Lieber Herr Doctor, es wird mir ein besonderes Vergnügen sein, Sie am Mittwoch um 6 bei mir zu sehn. Was Ihre Bedenken gegen den Schluß der Novelle[64] anbelangt, so werden Sie mich leider anfangs geneigt finden sie zu theilen, — hoffentlich stimmen Sie sich und mich im Laufe des Gesprächs um. Herzliche Grüße von Haus zu Haus.

Ihr
A. S.

[29] TC

Wien, 29. 6. 1913.

Herzlichen Dank für das liebe Buch[65] und die guten Worte, die Sie für mich hineingeschrieben haben. Mit den allerbesten Sommerwünschen von Haus zu Haus

Ihr
A. S.

[30] TC

Dampfer "York," 19. 5. 1914

Herzliche Grüße! Wir haben eine wunderschöne Fahrt.[66] In den Uffizien begegneten wir dem Fräulein Clary[67] und haben ihr Grüße an Sie Beide mitgegeben. Das hier ist unser Schiff, in dem es uns sehr wohl ergeht. Eben streifen wir den Golf von Biscaya, ohne es zu bemerken.

Ihr
A. S.

---

[63] *25. 5. 1913.* Since this letter seems to be clearly a reply to Auernheimer's letter dated 26 May 1913, presumably the date indicated here is in error.

[64] *Novelle.* Arthur Schnitzler, *Frau Beate und ihr Sohn.* See previous letter.

[65] *Das liebe Buch.* Probably Auernheimer's comedy *Das Paar nach der Mode.* See note 56.

[66] The Schnitzlers made an extensive trip from 1 May until 7 June 1914, visiting Florence, Genoa, Algiers, Lisbon, Southampton, Antwerp, The Haag, Haarlem, Utrecht, Cologne, Tutzing, Seefeld, the Tyrol, and Munich.

[67] *Fräulein Clary.* Auernheimer's daughter. See note 21.

Dr. Raoul Auernheimer   13. 10. 15.
Wien, III. Neulinggasse 13.

Sehr verehrter Herr Doktor,

seien Sie herzlichst bedankt für die freundliche Zusendung Ihres Buches,[68] das ich gestern bei meiner Heimkunft aus Berlin hier vorfand und dessen Inhalt ich mir wenige Stunden später im Burgtheater[69] vorspielen lassen durfte — in einer Vorstellung, die ich mit Ausnahme des für meinen Geschmack ganz unzureichenden Frl. Wohlgemut[70] im Ganzen vortrefflich fand. Übrigens will ich die Kritiken, mit denen Sie in diesen Tagen geplagt sind, nicht noch um eine vermehren und mich darauf beschränken, Ihnen für den gestrigen schönen — auch für Sie, verehrter Herr Doktor, schönen — Abend zu danken. Die drei Seelengemälde, die Sie entwerfen, haben fast gleich stark auf mich gewirkt; am feinsten scheint mir das erste, am stärksten das zweite zu sein, durch welche vom Publicum beglaubigte Numerierung ich mich ohne Anspruch auf Originalität dem Urteil der Maßgebenden und wohl auch dem maßgebendsten — Ihrem eigenen — bescheiden anschließe.

Verehrungsvoll der Ihrige

Raoul Auernheimer

[32] TC

Wien, 15. 10. 1915

Vielen Dank, lieber Herr Doktor, für den freundlichen Brief, und auf recht baldiges Wiedersehen. Herzlichst der Ihre.

A. S.

[33]

Dr. Raoul Auernheimer   8. 6. 1916.
Wien, III. Neulinggasse 13.

Sehr verehrter Herr Doktor,

mit Freude erfuhr ich heute von Herrn Schwarzkopf,[71] daß Sie für

---

68 *Ihres Buches.* Arthur Schnitzler, *Komödie der Worte. Drei Einakter.* [*Stunde des Erkennens, Große Szene, Das Bacchusfest*] (Berlin, 1915), now in *Die Dramatischen Werke*, II.

69 Auernheimer did not review this performance.

70 *Frl. Wohlgemuth.* Else Wohlgemuth. An actress who came to Vienna in 1910 from the *Hoftheater* in Meiningen. Born 1881. Now living in Vienna.

71 *Schwarzkopf.* Gustav Schwarzkopf (1853-1939), Viennese critic and narrative writer.

diesen Sommer in Aussee[72] gemietet haben. Wenn es nicht zuviel regnet und Sie Ihre vielen Verehrer nicht nervös machen, so werden Sie, wie ich bestimmt hoffe, die Wahl nicht bedauern. Aussee ist ein lieber Ort und hat ein gutes Arbeitsklima. Wie sehr ich mich freue, Ihnen dort zu begegnen, will ich lieber nicht versichern, um Ihnen nicht schon brieflich über den Weg zu laufen.

Sonntag sprach ich den als Commißsoldaten verkleideten Ex-Dramaturgen Rosenbaum,[73] der mich bat, Ihnen in folgender Angelegenheit zu telephonieren (was er selbst infolge Ihrer Abwesenheit vergeblich getan hatte). R[osenbaum] hat gehört, daß der Dramaturgenposten am Münchner Hoftheater frei wird, da Wolf[74] nach Dresden geht. Er hat die Absicht, sich um die Stelle zu bewerben und bittet Sie, verehrter Herr Doktor, diese seine Bewerbung bei Ihrem Herrn Schwager Steinrück,[75] oder wo immer Sie sonst dazu Gelegenheit haben, nach Möglichkeit zu unterstützen. Übrigens wird er Sie nächstens selbst in dieser Sache anrufen.

Verzeihen Sie gütigst diese Vermittlung. Aber Rosenbaum macht in seiner Verkleidung — ohne daß er sich im Geringsten beklagte — einen so beklagenswerten Eindruck, daß ich ihm diese kleine Gefälligkeit nicht gut verweigern konnte. Ich bitte Sie, sich mit ihrer brieflichen Erledigung mir gegenüber nicht weiter zu bemühen.

Auf die uns in Aussicht gestellte abendliche Zusammenkunft freue ich mich sehr und bin bis dahin mit verehrungsvollen Grüßen und der Bitte, mich Ihrer verehrten Gattin empfehlen zu wollen,

Ihr aufrichtig ergebener

Raoul Auernheimer

A friend of Schnitzler's for many years. Schwarzkopf also befriended the young Hofmannsthal and introduced him into the literary circle associated with the *Café Griensteidl*.

72 *Aussee*. Alt-Aussee was a favorite summer retreat for the circle of friends including Schnitzler, Auernheimer, Hofmannsthal, Leopold von Andrian, and Jakob Wassermann, among others. Auernheimer discussed the charm of Alt-Aussee in two *Feuilletons*, "Ausseer Sommer," *Neue Freie Presse*, 27 July 1915, pp. 1-3, and "Ausseer Herbstzeitlosen," *Neue Freie Presse*, 15 September 1934, pp. 1-3.

73 *Rosenbaum*. Dr. Richard Rosenbaum (born 1867), literary and artistic secretary of the *Hofburgtheater* in Vienna 1898-1915. Served in the military from 1916-1918. Later founder of the *Donau Verlag* in Vienna.

74 *Wolf*. Dr. Karl Wolff (born 1876). From 1911-1916 *Dramaturg* at the *Königliches Hof- und Nationaltheater* in Munich and from 1916-1933 at the *Königliches Sächsisches Hoftheater* in Dresden.

75 *Schwager Steinrück*. Albert Steinrück (1872-1929). An actor who was married to the sister of Schnitzler's wife Olga.

Dr. Arthur Schnitzler   Wien, 9. 6. 1916
Wien XVIII. Sternwartestrasse 71

Lieber Herr Doctor,

Steinrück[76] kommt, wie Sie wohl wissen, am 13. nach Wien und da
werd ich reichlich Gelegenheit haben, die Sache Rosenb[aum] zu betreiben.
Ob mit Erfolg — ist freilich eine andere Frage; denn nicht St[einrück]
sondern Clemens Franckenstein[77] hat zu entscheiden (von dem ich neulich,
offenbar aus Ausseer Gründen geträumt habe — [bald hätten wir zu
seinen Füßen gewohnt wie im vorigen Jahr die berühmten Benedikts[78]]
— er saß in einer Art Kirchenstuhl und sah mich frech an mit einer
Cigarre im Mund, und war Herrn Norbert Jacques[79] ähnlich.) Ja wir haben
also wirklich in Aussee gemiethet — sehr schön, seewirtsnah und doch
sozusagen versteckt — was nicht für Sie gilt; denn Sie werden mir
hoffentlich nicht nur über den einsamen Weg laufen, sondern wir werden
noch hoffentlicher, wenn es Ihnen paßt, manchen Weg in dieser schönen
Bergwelt gemeinsam spazieren — um nicht zu sagen: wandeln, was
übrigens auch kein Unglück wäre. Wie lang bleiben Sie noch hier?
Meine Damen, Olga und Lili,[80] reisen wahrscheinlich am 26., ich mit
Heini[81] etliche Tage (nach Schulschluß) später.
Herzlichst mit Grüßen von Haus zu Haus

                                                        Ihr
                                                        Arthur Schnitzler

                                                Altaussee, 2. 8. 1916

Lieber Herr Doctor, also morgen Donnerstag (bei gutem Wetter) circa
1/2 8 geh ich mit Heini nach Ischl. Rückfahrt entweder Nachmittag oder
wahrscheinlicher mit dem letzten Zug um 9. Haben Sie Lust mitzu-

---

76 *See previous letter.*
77 *Franckenstein.* Clemens von Franckenstein (1875-1942). *Intendant* of the *Münchner*
   Hoftheater 1912-1918 and 1924-1934.
78 *Benedikts.* Possibly a reference to Moriz Benedikt (1849-1928), chief editor of the
   Neue Freie Presse or to the family of Hermine Benedict (1872-1928), the later
   Countess Schaffgotsch, who was a friend of Schnitzler's.
79 *Norbert Jacques.* (1880-1954). Journalist and narrative writer.
80 *Olga und Lili.* Schnitzler's wife and daughter.
81 *Heini.* Schnitzler's son. See note 20.

46

marschiren [sic], es würde mich sehr freuen. Rendezvous in diesem Fall
um 1/2 8 vor oder in der Conditorei Fischer — wir warten gegenseitig
bis 8 aufeinander. —

Herzlichst
Ihr
A. S.

[36]
[Postkarte]

Herrn Dr. Arthur Schnitzler   Semmering 17. 6. 17.
aus Wien
Bad-Gastein
Salzburg

Verehrter Herr Doktor,

Ihren lieben Ansichtskartengruß erhielt ich gestern unmittelbar vor
meiner Abreise auf den Semmering, wo ich Ihnen augenblicklich in einem
Ihnen, wie ich glaube, persönlich bekannten Balcon-Zimmer des "Wald-
hofs," mit dem Wald als Gegenüber, schreibe. Es ist zur Zeit wunder-
schön hier, eine köstliche Luft und noch köstlichere Stille, so daß ich
schon heute nur höchst ungern an meine übermorgige Rückreise in die
im Juni doppelt peinliche Wiener Augusthitze denke. Die Entvölkerung
des Hinterlandes macht sich hier nicht eben unangenehm bemerkbar.
Das Hôtel ist dreiviertelleer; auf den Waldwegen begegnet man nur ab
und zu einem jungen Armeelieferanten, der meist ein böses Gewissen und
eine hübsche Gefährtin hat, und infolgedessen auch wieder verschwindet;
der Rest sind ein paar Erholungsbedürftige /: zu denen ich mich selbst
rechne :/ und der auch Ihnen bekannte Dr. Kapper,[82] der seinen Bekannten
unausgesetzt versichert, daß "die Wiener den Semmering nicht wert" seien.
Er beklagt nämlich die geringe Frequenz, die unsereinen erquickt.

Auf den mir in Aussicht gestellten Spaziergang freue ich mich sehr und
bin einstweilen Ihr und Ihrer sehr verehrten Frau Gemahlin herzlichst
ergebener und aufrichtiger

R. A.

82 *Dr. Kapper*. Possibly Fritz Kapper, another "dichtender Mediziner," who became
a friend of Schnitzler's in medical school. See Arthur Schnitzler, *Jugend in Wien*
(Wien, 1968), pp. 123 f.

Dr. Raoul Auernheimer   30. 11. 1918.
Wien, III. Neulinggasse 13.

Sehr verehrter Herr Doktor,

Herzlichsten Dank für die gütige Zusendung Ihrer neuen Novelle[83] und die freundschaftliche Widmung. Ich kenne sie natürlich schon vom Vorabdruck 'in der "N[euen] Rundschau"[84] und erinnere mich, daß mir beim ersten Lesen besonders das letzte Drittel, der eigentliche Schluß, einen starken Eindruck gemacht hat. In den vorangehenden Teilen schien mir die wünschenswerte "epische Ruhe" und Behaglichkeit Ihres meisterlichen Vortrags stellenweise in Gemächlichkeit überzugehen, ich hätte mir da manchmal als Leser etwas mehr "Tempo" gewünscht. Ein Meisterstück für sich und als solches ein würdiges Gegenstück jenes anderen Briefes im "Dr. Gräsler"[85] ist der Brief des Bragadino;[86] der alte Fuchs, der mich an manchen alten Fuchs meiner persönlichen Bekanntschaft erinnerte, hat mir das größte Vergnügen gemacht. Wohingegen ich die Geschichte mit der kleinen Teresina[87] als eine — nehmen Sie mir meine Aufrichtigkeit nicht übel — überfleißige Fleißaufgabe empfand. (Ohne die geistreiche Absicht zu verkennen.)

Dies mein reiner erster Eindruck, wenn Ihnen an der Feststellung dieses Eindrucks Ihrer Novelle auf einen Ihrer überzeugtesten Leser etwas gelegen ist. Im übrigen hoffe ich mich mit Ihnen darüber und auch noch über einiges andere nach der Aufführung Ihres "Bernhardi,"[88] auf die ich mich sehr freue, eingehender unterhalten zu dürfen. — Mit Grüßen und den besten Empfehlungen an Ihre verehrte Frau Gemahlin

Ihr aufrichtig ergebener
R. A.

---

83 *Ihrer neuen Novelle.* Arthur Schnitzler, *Casanovas Heimfahrt. Novelle* (Berlin, 1918). Now in *Die Erzählenden Schriften*, II.
84 "*N. Rundschau.*" *Casanovas Heimfahrt* was first published in installments in *Die Neue Rundschau*, July, August, September 1918.
85 "*Dr. Gräsler.*" Arthur Schnitzler, *Doktor Gräsler, Badearzt* (Berlin, 1917). Now in *Die Erzählenden Schriften*, II. In his review Auernheimer praised this work as follows: "Der Wert von Schnitzlers neuer Erzählung ist der einer ungemein fein und subtil durchgeführten Charakterstudie. . . . In der Art, wie hier ein Schicksal aus einem Charakter entwickelt wird und die tieferen Zusammenhänge entschleiert werden, die eins mit dem anderen verknüpfen, wirkt Schnitzlers neue Erzählung wahrhaft sittlich." *Neue Freie Presse*, 4 September 1917, p. 3.
86 *Bragadino.* Character in *Casanovas Heimfahrt*.
87 *Teresina.* Character in *Casanovas Heimfahrt*.
88 *Bernhardi.* See note 58.

[38] TC

Wien, 24. 6. 1919

Lieber Herr Doctor, ich sende Ihnen heute 1814[89] sowie Croquignole von Ch. L. Philippe;[90] — die andern sind offenbar verliehen — und ich weiß leider nicht an wen!

Herzliche Grüße.

Ihr
A. S.

[39] HO

4. 1. 1920

Lieber und verehrter Herr Doctor,

das zweite Exemplar (eben hatte ichs zurücksenden wollen als Ihre Karte[91] kam) bleibt nach Wunsch aufbewahrt. Oder sagen Sie mir, wohin ich es schicken soll? Macht mir g a r k e i n e Mühe!

Jedenfalls will ich Ihnen bei dieser Gelegenheit nicht verschweigen, mit welchem aufrichtigen Vergnügen ich Ihre gar nicht altgewordenen "Feuilletons"[92] (lassen wir das Wort nur ruhig wieder als Ehrentitel gelten) wieder lese!

Alles gute und schöne zum neuen Jahr von Haus zu Haus.

Herzlichst

Ihr
Arthur Schnitzler

[40] TC

Nürnberg, 15. 5. 1922.

Herzlichste Grüße, auch an die verehrte Gattin. Ihr schöner Artikel[93]

89 *1814, ou le pensionnat de Montercau* (1836), a vaudeville in two acts by Adolphe Philippe d'Ennery (Dennery) (1811-1899), author of approximately two hundred popular melodramas and fairy-tale plays.
90 *Philippe.* Charles Louis Philippe (1874-1909), French novelist. The novel *Croquignole* appeared in 1906.
91 *Ihre Karte.* This card from Auernheimer has not been found.
92 *"Feuilletons."* Raoul Auernheimer, *Das ältere Wien, Bilder und Schatten* (Wien, 1920). A collection of Auernheimer's *Feuilletons* from the *Neue Freie Presse* on Austrian nineteenth-century writers, actors, and directors.
93 *Ihr schöner Artikel.* Raoul Auernheimer, "Arthur Schnitzler zum sechzigsten Geburtstag," *Neue Freie Presse*, 14 May 1922. Auernheimer's assessment of Schnitzler's importance to Austria as man and writer includes the following notable commentary: "Will man ermessen, was Arthur Schnitzler,... in fünfundzwanzig Jahren dem Wiener Theater geschenkt, dem deutschen gegeben hat, so muß man sich ihn nur ein paar Augenblicke lang aus den Spielplänen dieses letzten Vierteljahrhunderts

in der N[euen] Fr[eien] Pr[esse] hat mich heut morgen hier — wo ich mich in angenehmer Geburtstagseinsamkeit⁹⁴ auf der Rückreise ein wenig verweile, aufs liebenswürdigste empfangen. Auf baldiges gutes Wiedersehen. Ihr Ihnen freundschaftlich ergebener

A. S.

[41] TC

7. 9. 1922.

Letzte und schönste Station in Holland, Osterbeck. Fahre über Berlin und München heim. Hoffe gegen 20. in Wien zu sein und Sie bald wiederzusehen. Herzlichste Grüße auch an Frau Irene.⁹⁵

Ihr
A. S.

wegdenken, was man überhaupt zuweilen bei großen Schriftstellern an der Stätte ihres hauptsächlichsten Wirkens tun sollte. Tut man es bei Schnitzler in bezug auf das Theater, so wäre dieses nicht nur um zwei Dutzend zum Teil glänzender und immer geistig anregender Theaterstücke von der besten Art, die auch den Schauspieler, indem sie ihm künstlerische Aufgaben stellen, anregen, ärmer, sondern auch, was kaum geringer ins Gewicht fällt, um den bildenden Einfluß, der von Schnitzlers dramatischem Wirken ausging und vielfach auf ein jüngeres Schriftsteller- und Dichtergeschlecht abfärbte. 'Wenn wir nichts anderes sind, sind wir ein Beispiel', lautet ein feines, nachdenklich schönes Wort Schnitzlers, und das war Schnitzler auch noch in den Pausen seiner Produktion. Ein großer Schriftsteller — und eigentlich der erste, den Österreich in die Welt schickte, denn wir hatten vor ihm große Dichter, aber kaum einen großen Schriftsteller, der weit über die Grenzen seiner Heimat hinaus gekannt und gelesen wurde — ein großer Schriftsteller ist Schnitzler sich in jedem Augenblick seines Lebens der Verpflichtung bewußt geblieben, die eine solche Sendung auferlegt, und hat sie in der gewissenhaftesten Weise erfüllt. Menschliche Eigenschaften untermalen hier das Bild des Dichters, das aus jenen erst ersteht, der hervortretendste Zug seiner Persönlichkeit ist eine gewisse Würde, die sich nie verleugnet, obwohl sie sich nie betont, ja sich sogar verheimlicht — Schnitzler gibt sich nicht bescheiden, er ist es — und die aus der Lauterkeit seines Charakters fließt. Gerechtigkeit, Wahrhaftigkeit und Güte sind nicht nur die Grundelemente seines Wesens, sie sind so tief in ihm verankert, daß sie auch der leidenschaftlichste Schaffenstrieb und das natürliche Bedürfnis, zu gelten, das jedem Künstler eigen ist, nicht von der Stelle zu bewegen vermag. Uninteressiertheit, die Goldprobe der Charaktere, zeichnet Schnitzler im höchsten Maße aus, nicht nur als Mensch, was selbstverständlich, sondern auch als Dichter, was leider nicht selbstverständlich ist. Er ist kein ichsüchtiger Tenor der Literatur, der Schmerzen leidet, wenn ein anderer singt; kein Imperialist des Talents, der nur sich selber kennt; kein Kunstpolitiker und Botschafter des eigenen Ruhmes. Er ist ein redlicher Arbeiter und ein aufrechter Mann. All das anerkennt sogar die jüngste Jugend, die im übrigen, auf ihre 'Unbedingtheit' pochend und alle gesellschaftlichen Bindungen verschmähend, Schnitzler gänzlich überwunden zu haben glaubt." *Neue Freie Presse*, p. 3.

⁹⁴ *Geburtstagseinsamkeit*. Schnitzler's birthday was 15 May 1922, the date of this note.
⁹⁵ *Irene*. Auernheimer's wife.

Herzliche Grüße und ich hoffe auch auf baldiges Wiedersehen

Bertha Brevee.[96]

[42] TO

11. 12. 1922.

Lieber und verehrter Herr Doktor,

Sie wünschen von mir einige Daten über Gustav Schwarzkopf,[97] den Sie für eine Beteiligung durch das schwedische Hilfswerk[98] in Vorschlag bringen wollen. Ich sage Ihnen nur, was Sie selbst wissen, wenn ich Ihnen antworte, daß Sie keinen Würdigeren finden könnten. Dieser ausgezeichnete Schriftsteller, der heuer sein 70. Lebensjahr vollendet, hat im Allgemeinen keineswegs den materiellen Erfolg gefunden, den er verdient hätte und Sie können sich denken, daß unter den gegenwärtigen Zeitumständen seine Verhältnisse nicht eben die besten sind. Es freut mich sehr, daß auch Sie, sehr geehrter Herr Doktor, in erster Reihe an ihn gedacht haben.

Mit verbindlichen Grüßen
Ihr sehr ergebener
Arthur Schnitzler

Herrn Dr. Raoul Auernheimer
Wien

[43] TC

Baden-Baden, 5. 7. 1923.

Lieber Herr Doctor, da ich von hier aus direkt nach Wien zurückfahre, will ich Ihnen vorläufig nur mit diesen paar Zeilen sagen, wie sehr ich mich am "Kapital"[99] ergötzt habe, das übrigens als "Komödie" seine Verzinsungsmöglichkeiten (in jedem Sinn) in noch höherem Maße entfalten dürfte als sie wohl auch schon dem Roman beschieden sein werden. Herzlichst grüßt Sie und Ihre verehrte Gattin

Ihr freundschaftlichst ergebener
A. S.

96 *Bertha Brevee.* We have been unable to locate any information regarding her.
97 *Schwarzkopf.* See note 71.
98 *Das schwedische Hilfswerk.* No information about this agency or its connection with Schwarzkopf has been found.
99 *"Kapital."* Raoul Auernheimer, *Das Kapital, Roman aus der jüngsten Vergangenheit* (Berlin, 1923). Against the cultural and political background of Vienna after World War I, Auernheimer examines the clash between the new trend toward socialism in Austria and the capitalistic orientation of the wealthy and titled old guard.

[44] TO

Dr. Arthur Schnitzler   10. 12. 1923.
Wien, XVIII. Sternwartestrasse 71.

Lieber Herr Doctor Auernheimer,

Beifolgenden Brief möchte ich an die Staatstheaterkassa senden und frage an, ob Sie mitunterschreiben wollen. Anlaß zu diesem Briefe bildet, wie Ihnen bekannt, die Differenz zwischen den mir von der Kassa verrechneten Tantiemen und den der Direktion vorgelegten Rapporten. Das darauf bezügliche Blatt[100] lege ich zur Aufklärung bei.

Es ist mit größter Wahrscheinlichkeit anzunehmen, daß in den Abrechnungen für Ihre Stücke sich ähnliche Unbegreiflichkeiten finden dürften.

Verpflichtung der Staatstheaterkassa ist es natürlich sofort die gewünschten Aufstellungen an uns zu senden, da den Autoren gegenüber der Standpunkt jenes Kassabeamten vis-a-vis Direktor Paulsen,[101] der zwei differierende Abrechnungen für den gleichen Abend und auf Reklamation die Antwort erhielt, es kümmere ihn doch nicht, ob zwei Millionen mehr oder weniger in der Kassa seien, kaum haltbar sein dürfte.

Sollte es sich als notwendig erweisen, so möchte ich eventuell, Ihr Einverständnis vorausgesetzt, die Angelegenheit gemeinsam durch meinen Rechtsanwalt (Dr. Norbert Hoffmann) weiterführen lassen.

Herzlichst grüßend

Ihr
Arthur Schnitzler

[45]

Matzleinsdorf bei Melk
22. 4. 1924.

Sehr verehrter Herr Doktor,

ich will Ihnen nur sagen, daß ich den ersten Akt Ihrer "Komödie der Verführung"[102] mit ganz eigentümlichem Genuß gelesen habe. Das Musi-

---

100 *Blatt*. Not found.
101 *Direktor Paulsen*. Max Paulsen (1876-1956). An actor who from February to July 1923 served as director of the *Burgtheater*.
102 *"Komödie der Verführung."* Comedy by Schnitzler. The first act appeared in the *Neue Freie Presse*, 20 April 1924, *Osterbeilage*, pp. 31-39. First full edition Berlin, 1924. Now in *Die Dramatischen Werke*, II. Auernheimer reviewed the *Burgtheater* performance in a *Feuilleton* entitled, *"Komödie der Verführung* von Arthur Schnitzler," *Die Neue Freie Presse*, 12 October 1924, pp. 1-3. Concerning the play in general Auernheimer commented: "Was ist es eigentlich? Ein Trauer-

kalische, richtiger vielleicht noch Symphonische, das Themen-Entwickeln-
de, Motiv-Verknüpfende, Ihrer Dialogkunst ist mir bei keinem Ihrer
Werke so deutlich zum Bewußtsein gekommen. Ich empfinde diesen ersten
Akt geradezu als einen ersten Satz und bin gespannt auf den Fortgang
dieser Symphonie, die Schicksale zu einer Art Lebensmusik verflicht. —
Nur mit dem T i t e l der Symphonie — es hat wohl seine tieferen Gründe,
daß Symphonien im Allgemeinen keinen Titel haben — bin ich, verzeihen Sie, nicht ganz einverstanden. Auch der Anklang an die "Komödie
der Worte,"[103] der wie Wiederholung aussieht, stört mich. — Ich habe
über das, was Sie vermutlich sagen wollen, nachgedacht und dabei ist
mir ein Titel durch den Kopf gegangen, den ich Ihnen zwar nicht vor-
zuschlagen wage (obwohl auch der Titel der Schiller'schen "Kabale und
Liebe,"[104] wie Sie wissen, nur von Iffland[105] ist), den ich Ihnen aber doch
nicht verschweigen möchte. Vielleicht können Sie ihn irgendwo und wenn
auch nur als Wegweiser gebrauchen: "Der Mann für alle."[106]
Ich fahre heute oder morgen nach Wien zurück und erbitte mir dann

spiel? Keineswegs, obwohl sich ein junges Mädchen ins Wasser wirft und ertrinkt.
Also ein Lustspiel, eine Komödie? Noch weit weniger, obwohl im Verlauf dieser
drei Akte ein nichtiger Gelegenheits-Don Juan auf die heiterste Weise entlarvt
wird und obwohl der etwas wolkige Titel 'Komödie der Verführung', der über
dem Stücke schwebt, diese Auffassung bestärken könnte. Es ist weder lustig noch
traurig, sondern beides in einem, sondern alles in einem wie die Musik. Nur daß
es freilich kein Geigensolo ist, eher eine vielstimmige Symphonie mit kunstvoll
verflochtenen, sich steigernden, sich lösenden Motiven." (p. 2.)
On Falkenir, the central character, he presented the following observation:
"Dennoch ist, diesen Charakter aus dem Leben gegriffen und gestaltet zu haben,
eine wirkliche Tat. Schnitzler zerstört durch sie die landläufige Legende vom Don
Juan und sogenannten Verführer, der seit Jahrhunderten eine beneidete Stellung
nicht nur in der Literatur innehatte. Nun naht sich ihm ein Dichter und streift
die Maske von seinem Gesicht, und siehe da, ein bettelarmer Schelm wird sichtbar.
Man beneidete ihn, weil man ihn für einen Günstling der Frauen hielt, aber das
ist er in den meisten Fällen gar nicht, und nichts ist irriger, als zu glauben, daß er
mehr von den Frauen habe als andere, scheinbar weniger begünstigte Männer.
In Wirklichkeit hat der Don Juan sogar weniger von den Frauen und in gewissem Sinne so gut wie gar nichts. Er hat eigentlich nichts von ihnen, als daß
er sie hat." p. 3.
103 *"Komödie der Worte."* See note 68.
104 *Schillersche "Kabale und Liebe."* Schiller had originally titled his drama *Luise
Millerin.*
105 *Iffland.* August Wilhelm Iffland (1759-1814), actor turned dramatist and director.
He acted the part of Franz Moor in the premiere performance of Schiller's *Die
Räuber.* In 1796 he became Director of the *Nationaltheater* in Berlin.
106 *Der Mann für alle.* Schnitzler failed to adopt this suggested title, and the play
remains known as *Komödie der Verführung.*

bald einmal die Begünstigung einer abendlichen Plauderstunde. Inzwischen bin ich, wie immer,

> in herzlichster Verehrung
> aufrichtig Ihr
> Raoul Auernheimer

Entschuldigen Sie die miserable Schrift. Die Feder ist schuld, und ich habe leider keine andere.

[46] TC

Luzern, 25. 8. 1924.

Lieber Doctor Auernheimer — hoffentlich trifft Sie dieser Gruß, auch ohne nähere Adresse. Ich war in Celerina und will nun, nach ein paar verregneten Luzerner Tagen an einen ital[ienischen] See. Ich hoffe, Sie haben einen guten Sommer hinter sich, — oder stehen noch mitten darin.
Alles herzliche, auch an Frau Irene. Freundschaftlichst wie immer

> Ihr
> A. S.

[47]

9. 10. 1924.

Sehr verehrter Herr Doktor,

ich will Ihnen nur unter dem noch frischen Eindruck der ersten Lektüre Ihrer neuen Novelle sagen, daß ich "Fräulein Else"[107] zu Ihren gelungensten Meisterwerken rechne. Sie gehört sicher zum Allerbesten, was Sie je gemacht haben — das will etwas sagen — und ich wüßte unter den Erzählern der Gegenwart außer vielleicht Hamsun,[108] der aber ein nor-

---

[107] *"Fräulein Else."* Arthur Schnitzler, "Fräulein Else," *Die Neue Rundschau*, 35 (October 1924), 993-1051. Now in *Die Erzählenden Schriften*, II. Auernheimer's judgment of this work as one of Schnitzler's most successful masterpieces has been confirmed in a sense by Robert Bareikis' recent article in which he states: "The novella *Fräulein Else*, published in 1924, is notable not only as one of the finest and earliest examples of stream of consciousness technique in German, but also as some of Schnitzler's most effective writing. Its only peer, perhaps, is his *Leutnant Gustl*, published in 1901." *Literature and Psychology*, 19 (1969), 19.

[108] *Hamsun.* Knut Hamsun (1859-1952), Norwegian novelist who was awarded the Nobel prize in 1920.

discheres Klima und weniger Musik im Vortrag hat, n i e m a n d, der etwas Gleichwertiges zu machen imstande wäre. Verzeihen Sie, daß ich Ihnen das und noch dazu am Tag Ihrer Generalprobe[109] so geradezu sage; aber es scheint mir, daß auch der Augenblick seine Rechte und freudige Zustimmung ihre Stunde hat, die man nicht immer ganz ungestraft versäumt.

Bemühen Sie sich, bitte nicht, mit einer "Erledigung" dieser Zeilen, die auf eine solche gar keinen Anspruch machen, und seien Sie mit unausgesprochenen bleibenden Wünschen allerschönstens gegrüßt von Ihrem aufrichtig und sehr herzlich ergebenen

Raoul Auernheimer

[48] HO

Wien, 2. 11. 1924.

Lieber und verehrter Freund,

nun ist Ihr geist- und anmutreiches Versstück[110] bei mir angelangt, — und schon der erste Blick, die Lectüre der ersten Blätter läßt die Erinnerung an den schönen Eindruck der Lectüre aus dem Manuscript in reiner und lebendiger Weise wieder erstehen. Lassen Sie mich die schmeichelhafte Widmung,[111] mehr noch als sie ein Zeichen Ihrer Schätzung bedeutet, als einen neuen Beweis Ihrer Sympathie empfangen — die meinem Herzen wohlthut und die Sie mir bewahren mögen, wie ich Sie bitte, lieber Doctor Raoul Auernheimer, meiner freundschaftlichen Verehrung jederzeit gewiß zu sein.

Mit den wärmsten Grüßen

Ihr
Arthur Schnitzler

109 *Generalprobe.* Rehearsal of *Komödie der Verführung* for its premiere at the *Burgtheater.* See note 102.

110 *Versstück.* Raoul Auernheimer, *Casanova in Wien* (München, 1924), three act comedy in verse. Auernheimer was awarded the *Volkstheaterpreis* for this play which was one of his greatest theater successes. The comedy is based on the antithetical situation that Casanova has reached the age when he would like to marry and settle down to a stable bourgeois life, while his brother, a sedate family man, wishes to play Casanova. Both men learn in the course of the drama that they cannot change the direction of their life at their age and thus resign themselves to remaining in the role that they have created.

111 *Widmung.* Auernheimer dedicated *Casanova in Wien*: "Arthur Schnitzler in Verehrung grüssend." Presumably this gesture was Auernheimer's means of acknowledging his indebtedness to Schnitzler's comedy *Die Schwestern oder Casanova in Spa* (1919).

Wien, 11. 9. 1920.[112]

Lieber Herr Doctor, — nach Hamburg hatt ich Ihnen nichts weiter zu vermelden — kann ich in Berlin etwas für Sie thun? Ich will morgen für 8-10 Tage hin (Hotel Esplanade). Auf Wiedersehen nach meiner Rückkehr. Gratuliere zum Erfolg des guten Königs.[113]
Herzlichst

Ihr
A. S.

Was soll ich mit der 3000 Kronen Marke thun???

[50]
[Postkarte]

Herrn Dr. Arthur Schnitzler   Wien III. Neulinggasse 13.
Berlin   13. 3. 1925.
Hôtel Esplanade

Verehrter Herr Doktor,

Haben Sie schönsten Dank für Ihre gütigen Zeilen und die Freundlichkeit, mit der Sie sich des "guten Königs" erinnern. Ich hatte in Hamburg Gelegenheit, als Gast des Hr. Dr. Eger[114] der Erstaufführung Ihres "Grünen Kakadu"[115] beizuwohnen, der bei vortrefflicher Darstellung

---

112 Since the contents of this letter unmistakably relate to Auernheimer's following letter, the date must be in error.

113 *des guten Königs.* See note 2.

114 *Dr. Eger.* Dr. Paul Eger (1881-1947). Director of the *Deutsches Schauspielhaus* in Hamburg and later of the *Deutsches Theater* in Prague.

115 *"Grünen Kakadu."* Arthur Schnitzler, *Der grüne Kakadu, Groteske in einem Akt* (1899). Now in *Die Dramatischen Werke,* I. Auernheimer reviewed this play in "Drei Einakter von Arthur Schnitzler," stating: " 'Der grüne Kakadu' ist und bleibt einer von Schnitzlers besten Würfen. Er ist über dreißig Jahre alt, also mehr als doppelt so alt als eine 'solid gebaute Wahrheit' von der Ibsen bekanntlich behauptet hat, daß sie höchstens fünfzehn Jahre zu leben habe. So ergibt sich rechnungsmäßig die Erkenntnis, daß erst jenseits der Wahrheit oder dessen, was man um die Jahrhundertwende als Wahrheit ansprach, die Region der Kunst beginnt — freilich auch jenseits der Lüge. Kunst ist Schein, der zum Sein erwacht, und so angesehen ist 'Der grüne Kakadu' allerdings höchste Kunst. Er ist zugleich bestes Theater. Wie geistreich der Grundeinfall, eine jener Montmartrekneipen, in denen die Übersättigung des Jahrhundertendes mit dem sozialen Elend und dem Verbrechen liebäugelte, in die Zeit der aufbrechenden französischen Revolution zu verlegen und den heißen Atem der Geschichte als Antrieb für einen Boulevardfall zu verwenden. Denn der Schauspieler Henri, der, im Verbrecherkeller die Eifersucht mimend und unversehens von ihrer Stichhältigkeit überzeugt, nun wirklich einen Herzog ersticht — wie wenig wäre er, wenn nicht dadurch, daß, was

einen außerordentlichen Erfolg hatte. Auch auf mich wirkte dieser meister-
hafte Einakter wieder sehr stark, dessen dramatische Buntheit in dem
Vierteljahrhundert seit seinem Entstehen nichts von ihrem Glanz und
Schmelz verloren hat. — Ich freue mich sehr auf das in Aussicht gestellte
Wiedersehen und bin inzwischen mit allerbesten Grüßen,

Ihr stets ergebener   R. A.

Die 3000 K. schuldete ich Ihnen von unserem letzten Beisammensein.
Excusez du peu!

[51] TC
Constantinopel, 23. 4. 1925.

Herzliche Grüße.

Ihr
A. S.

[52]
[Ansichtskarte - San Martino]

Herrn Dr. Arthur Schnitzler   26. 7. 25.
Wien XVIII.
Sternwartestrasse 71.
Austria!

Verehrter Herr Doktor,

ich teile Ihnen mit, daß Sie einen Einakter: "Die Tränen der Lilian"[116]

geschieht, am Tage der Erstürmung der Bastille geschieht, alles daraus würde,
unter anderm auch das Schicksal jeder Revolution, die am Ende doch auch ihr
Ziel erst erreicht, indem sie es verfehlt. Die reine Liebe zur Freiheit führt zum
Mord, Komödie wird Wahrheit und Wahrheit Tragödie. Nur stoffbefangenem
Denken kann der 'Grüne Kakadu' als ein revolutionäres Stück gelten, als welches
er seinerzeit im Burgtheater angesehen und auf höheren Wink rasch abgesetzt
wurde. In Wirklichkeit ist er ebensosehr ein gegenrevolutionäres, insofern er den
Schwindel und die verbrecherische Beimischung jedes gewaltsamen Umsturzes
entschleiert, und vielleicht erklärt sich aus dieser Janusköpfigkeit sein Schicksal, daß
er, zur Kaiserzeit unbeliebt, in den Jahren des Umsturzes erst recht aus dem
Burgtheater verbannt blieb. Damals nahm man ihm die Erstürmung der
Bastille übel, und nachher, daß sich die feinen Herrschaften auf der Bühne mit
so feinen Worten über alle Pöbelhaftigkeit lustig machten. Ein fabelhaft geistreicher
Herzog und eine läufige Marquise erregten links und rechts gleich heftigen Anstoß,
obwohl ihnen die tendenziöse Spitze nach beiden Richtungen fehlt. Jetzt hat man
sich in anderer Art geholfen, indem man sie zwar auftreten läßt, aber, wie man in
Wien sagt, mit Nachsicht der Taxen." *Neue Freie Presse,* 4 February 1930, pp.
1-2.

116 *"Die Tränen der Lilian."* As the letter makes clear, Auernheimer dreamed that
Schnitzler had written a work by this title.

geschrieben haben, über dessen Aufführung zusammen mit zwei belang-
losen Einaktern von Wassermann[117] Sie sich mir gegenüber heute Nacht
im Traum bitter beklagten.

J[akob] W[assermann] ist sehr reichsdeutsch geworden, im übrigen
über alle Erwartung und Erinnerung schön.

Mit den besten Empfehlungen,

Ihr aufrichtig ergebener
Raoul Auernheimer

[53] HO
[Postkarte]

Arthur Schnitzler   Wien, 31. 7. 1925.
Wien, XVIII.
Sternwartestrasse 71.

Lieber Herr Doctor,

haben Sie mich wenigstens im Traum ein schönes Stück dichten lassen
(oder ist Ihnen das auch nicht im Traum eingefallen?) Dafür habe ich
eben eine "Traumnovelle"[118] vollendet. Wie lange bleiben Sie in Martino
(das mich, vor 4 Wochen, wohl wegen schlechten Wetters, und der
abscheulichen neuen Gebäude) enttäuscht hat? Ich fahre am 5. nach
Bozen, dann Karersee (Karerpasshotel), wo meine Kinder mit ihrer Mutter
sind; weiteres Programm noch unsicher.

Hoffentlich erreicht Sie dieser sehr herzliche Gruß in S[an] M[artino],
obwohl Sie keine nähere Adresse angegeben haben.

Ihr
Arthur Schnitzler

[54]
[Ansichtskarte - San Martino]

Sgr. Dr. Arthur Schnitzler   S[an] M[artino], 15. 8. 25.
Karersee
Karerpasshotel
Italia!

Verehrter Herr Doktor,

Ihre gütigen Zeilen v[om] 31. 7. erhielt ich gestern, am 14. 8. Ich freue

---

117 *Wassermann.* Jakob Wassermann (1873-1934). Popular German novelist who
was a close friend of Viennese writers such as Schnitzler, Hofmannsthal, Beer-
Hofmann, and Auernheimer. Like the others Wassermann usually spent his
summers at Alt-Aussee.

118 *"Traumnovelle."* Arthur Schnitzler, *Traumnovelle* (Berlin, 1926). Now in *Die
Erzählenden Schriften,* II.

mich, Sie so nah zu wissen und würde Sie gern besuchen, was freilich erst in der letzten Augustwoche möglich wäre. Oder kommen Sie nicht vielleicht doch hier vorbei, z. B. auf der Rückreise nach dem Ihnen gleichfalls literarisch verpflichteten Venedig? Ich habe absichtlich eine Karte o h n e Gebäude gewählt, um Ihnen Lust zu machen. — Wir sind jedenfalls recht zufrieden und wollen uns vor Ende August nicht wegbegeben. /: Hotel San Martino :/

Ihr
Auernheimer

[55] TC

Venedig, 18. 9. 1925.

Auch ich sah es[119] wieder!

Herzlichst
Ihr
A. S.

[56]

Dr. Raoul Auernheimer
Wien
III., Neulinggasse 13

13. 11. 1925.

Verehrtester Herr Doktor,

ich will Ihnen nur sagen, daß ich Ihre neue Novelle "die Frau des Richters"[120] heute Nachmittag erhalten und in einem Zug gelesen habe. Ich finde sie entzückend.

Ihr aufrichtiger
R. A.

[57]

Dr. Raoul Auernheimer
Wien
III., Neulinggasse 13

31. 12. 1925.

Verehrtester Herr Ehren-Präsident,[121]

in statu demissionis, wie ich mich befinde, habe ich die in Ihrem gütigen

---

119 *es.* Schnitzler is referring to Venice in connection with Auernheimer's previous letter.
120 *"Die Frau des Richters."* Arthur Schnitzler, *Die Frau des Richters* (Berlin, 1925). Now in *Die Erzählenden Schriften,* II.
121 *Ehrenpräsident.* Schnitzler was apparently named Honorary president of the P.E.N. Club. Auernheimer served as first Chairman (1922-1927) of the P.E.N. Club

Schreiben mir geschickte ungarische Anfrage dem Sekretär des P.[E.N.] Cl[ubs] zur Erledigung überwiesen, die wohl spätestens nach der Generalversammlung am 4. 1. erfolgen wird. Da man in Ungarn augenblicklich mit der Verhaftung der gleichfalls um Anknüpfung internationaler Beziehungen bemühten Banknotenfälscher beschäftigt ist, wird man sich wohl noch ein paar Tage gedulden. Einstweilen wünsche ich Ihnen, verehrter Herr Doktor, herzlichst ein glückliches neues Arbeits- und Ruhmesjahr und bleibe in alter Ergebenheit

stets der Ihrige
R. A.

[58]

Dr. Raoul Auernheimer   5. 2. 26.
Wien
III., Neulinggasse 13

Verehrter Herr Doktor,

es ist wohl überflüssig, daß ich Sie bitte, bei Fischer[122] nicht zu erwähnen, daß ich meinen Roman[123] bei Zsolnay[124] verlegen will. Es ist nämlich ziemlich wahrscheinlich, daß ich ihn doch Fischer anbieten werde, der auch den "Laurenz Haller"[125] in seine Roman-Bibliothek[126] übernimmt

upon its formation in Austria and later served on the executive committee of the European P.E.N. Club in New York.

[122] *Fischer. S. Fischer Verlag* in Berlin, publisher of Schnitzler's works and many of Auernheimer's. Peter de Mendelssohn, *S. Fischer und sein Verlag* (Frankfurt am Main, 1970) describes briefly Auernheimer's association with this firm: "Der Wiener Feuilletonist Raoul Auernheimer, obenhin Peter Nansen nicht unähnlich, der, ein fruchtbarer, leichtfüßiger Erzähler und Lustspielautor, zum Kreis Hofmannsthals und Schnitzlers gehörte, war schon mit einer Vielzahl von Arbeiten anderwärts erschienen, als er 1913 mit der damals viel gespielten Komödie *Das Paar nach der Mode* und der Erzählung *Laurenz Hallers Praterfahrt* zu Fischer kam. Er blieb den Krieg über, brachte 1915 noch ein erfolgreiches Lustspiel, *Die verbündeten Mächte,* und 1919 einen Novellenband, absentierte sich bis 1927, tauchte unvermittelt mit einem vereinzelten Roman wieder auf und verschwand danach endgültig. Von Auernheimer stammte das Scherzwort, die Wiener Schule habe eigentlich nur eines gemeinsam: ihren Verleger in Berlin." p. 733.

[123] *Roman.* This plan did not materialize. Auernheimer's novel *Die linke und die rechte Hand,* a portrayal of social life in Vienna in the period following World War I, was published by *S. Fischer Verlag* (Berlin, 1927).

[124] *Zsolnay. Paul Zsolnay Verlag* in Vienna. In 1924 Zsolnay published Auernheimer's German translation of Paul Geraldy's novel *Helene* and in 1932 Auernheimer's essays *Geist und Gemeinschaft.*

[125] *Laurenz Haller.* See note 59.

[126] *Roman-Bibliothek. Laurenz Hallers Praterfahrt.* 1.-3. Auflage, *S. Fischer Verlag*

und mir dadurch sein Interesse an der Fortsetzung meiner Production und unserer Beziehung bekundet.

Sehr leid ist mir, daß ich bei Ihrer Vorlesung[127] nicht anwesend sein konnte. Ich habe die Absicht, Ende der kommenden Woche nach Berlin zu fahren und hoffe, Ihnen dort noch zu begegnen.

Inzwischen mich Ihnen herzlichst empfehlend bin ich

stets der Ihrige
R. A.

[59]

Dr. Raoul Auernheimer   13. 3. 26.
Wien
III., Neulinggasse 13

Verehrtester Herr Doktor,

Ihr "Gang zum Weiher,"[128] über den bisher nur gerüchtweise aus dem Munde derjenigen, die an der von Ihnen veranstalteten Vorlesung teilnehmen durften, etwas zu mir gedrungen war, ist mir vor einer Woche in Ihrem Auftrag zugegangen, wofür ich Ihnen bestens danke. Ich habe das Werk nach Absetzung der Aiglon-Premiere[129] sofort gelesen, und zumal vom 3. und 4. Akt, die mir dichterisch und dramatisch gleich hoch zu stehen scheinen, den schönsten Eindruck behalten. Der erste und zweite Akt hinterließen mir einen mehr musikalischen als dramatischen Eindruck und aus dem eigentlichen Schluß, d[em] in der zweiten Hälfte des 5. Aktes, werde ich nicht recht klug — vermutlich, weil ich es nicht in hinreichendem Maße bin. Auch die Haltung der Leonilda[130] und das starke Selbstbewußt-

---

(Berlin, 1913). 4.-8. Auflage, *S. Fischer Verlag* (Berlin, 1926). *Roman-Bibliothek* was a series of novels published by the *S. Fischer Verlag*.

[127] *Vorlesung*. It becomes clear from the next letter that Schnitzler held a reading of his latest drama *Der Gang zum Weiher*.

[128] "*Gang zum Weiher*." Arthur Schnitzler, *Der Gang zum Weiher* (Berlin, 1926). Now in *Die Dramatischen Werke*, II. Auernheimer reviewed the *Burgtheater* premiere held 14 February 1931, stating: "Der 'Gang zum Weiher' hat viel vom Märchen, aber auch manches von Ibsen und alles von Schnitzler. Ein mildes Meisterwerk, ist es zugleich ein Werk sui generis." *Neue Freie Presse*, 17 February 1931, p. 1. This review also appeared in English in the *Theater Arts Monthly*, 15 May 1931, pp. 407-409.

[129] *Aiglon-Premiere. Aiglon*, a drama in six acts, was written in 1900 by the popular French author Edmond Rostand (1868-1918). Auernheimer reviewed this work in a *Feuilleton* entitled "Der Herzog v. Reichstadt im Burgtheater," *Neue Freie Presse*, 3 October 1926, pp. 1-3.

[130] *Leonilda*. Heroine of *Der Gang zum Weiher*. One of Schnitzler's most emancipated women characters.

sein, mit dem sie sie in schönen Versen zum Ausdruck bringt, hat in diesem Akt für mein Gefühl etwas das natürliche Empfinden leicht befremdendes. Was ich, ohne im geringsten dazu berufen zu sein, für eine etwaige Aufführung zu erwägen geben möchte.

Ich hoffe Sie wieder vollkommen wohl und in bester Arbeitslaune und bin, wie immer,

Ihr Sie aufrichtig verehrender
R. A.

[60] HO

Zwischen Neapel und Lissabon
22. April 1926.
"Martha Washington"

Mein lieber und verehrter Doctor Raoul Auernheimer,

In Wien, im Trubel der Abreise bin ich nicht dazugekommen Ihnen zu schreiben — und habe mein Gewissen beruhigt, daß Sie selbst nicht in Wien gewesen sind, so ergreif ich die passende Gelegenheit, daß wir eben, bei recht bewegter See und einer keineswegs südlichen Temperatur den Greenwich Meridian passieren, — um Ihnen ein wenig verspätet zu Ihrem Fünfzigsten[131] zu gratulieren. Lieber Raoul Auernheimer — ich hoffe Sie wissen, wie hoch meine Schätzung ist — nicht nur für das viele Vortreffliche, das der Dichter und Kritiker geleistet und geschaffen hat, sondern auch für das, was Sie abgesehen von all dem Einzelnen "Geleisteten" s i n d, und wie ich zu fühlen glaube, von Jahr zu Jahr in höherem Maße geworden sind, der überlegene, vornehme Mensch, der als Schriftsteller wie als Weltmann Haltung und Geist (warum soll ich mich im Zeichen des Greenwich Meridians nicht ein wenig citiren dürfen,[132] in dieser Gegend ist es gewiß noch nicht geschehen) so schön

---

131 *zu Ihrem Fünfzigsten.* Auernheimer celebrated his fiftieth birthday on 15 April 1926.

132 *citiren dürfen.* This statement sounds as if Schnitzler had written a birthday greeting to Auernheimer, a common practice among these literary friends. However, no such article has been located. Considering the slightly humorous and self-ironical tone of this parenthetical comment, Schnitzler may have meant that he was using two of his favorite terms. One may think, for example, of the line in *Der einsame Weg*, "... daß jetzt wieder ein besseres Geschlecht heranwächst — mehr Haltung und weniger Geist." *Die Dramatischen Werke*, I, p. 836.

zu vereinen weiß. Und lassen Sie mich heute auch ganz persönlich danken für die Freundschaft, die Sie mir bei manchem Anlaß (und auch ohne jeden), entgegengebracht und bewiesen haben — und lassen Sie mich die Hoffnung aussprechen, daß wir einander für die restlichen 36-50 bleiben werden, was wir einander im Laufe der Zeit geworden sind: Freunde. Von ganzem Herzen drücke ich Ihnen die Hand und bin, mit vielen Grüßen auch an Frau Irene

Ihr getreuer
Arthur Schnitzler

[61] HO

Dr. Arthur Schnitzler   Wien, 10. 10. 1926.
Wien, XVIII. Sternwartestrasse 71.

Lieber und verehrter Herr Doctor,

lassen Sie sich für die im besten Sinn vergnügte Stunde herzlichst danken, die mir die Lectüre Ihres charmanten Lustspiels[133] bereitet hat. Wenn Sie mir eine bescheidene Bemerkung gestatten, so wünscht ich, daß die Schauspielerin dem jungen Grafen nicht das "weibertolle Knabengehirn" ins Gesicht sagte; — und eine vielleicht unbescheidene — ob der Schluß nicht durch eine etwas geringere Deutlichkeit noch gewinnen würde? —

Auf baldiges Wiedersehen, und viele Grüße

von Ihrem freundschaftlich ergebenen
Arthur Schnitzler

---

[133] *Ihres charmanten Lustspiels.* Raoul Auernheimer, *Das ältere Fach,* a comedy in one act, published as a stage manuscript by *Drei Masken Verlag* (Berlin, n. d.). An aging actress, whose specialty has been the role of ingenue, suddenly decides to act her true age to the consternation of the director. However, when her lover forsakes her to marry his former mistress, the actress reverts to her youthful image and begins an affair with his son, on the premise that a woman is only as old as her lover.

During 1940 and 1941 Auernheimer together with Ernst Lothar, former director of the *Reinhardt Theater* in Vienna, attempted unsuccessfully to establish an Austrian theater in New York. Lothar celebrated Auernheimer's sixty-fifth birthday with a production of *Das ältere Fach* together with Schnitzler's *Liebelei.* This performance was mentioned in *Aufbau* (New York), 2 May 1941, p. 10 and in the *Baseler National-Zeitung,* 16 May 1941, p. 3.

Dr. Raoul Auernheimer   14. 2. 27.
Wien
III., Neulinggasse 13

Verehrter Herr Doktor,

Ihre kleine Schrift,[134] die Sie als Denker enthüllt, also den Ihnen Näher-
stehenden keine Überraschung bedeutet, hat mich kürzlich nach Frankfurt
a. M. begleitet und unterwegs intensivst beschäftigt. Die einzelnen Geistes-
verfassungen sind mit einer an Popper-Lynkeus[135] gemahnenden Klarheit
von einander geschieden; der Kosmos, in den sie eingereiht sind, wirkt
überzeugend wie der Sternenhimmel. Einige bescheidene Einwendungen
hätte ich wohl auch zu machen, so z. B., daß es vielleicht auch eine
positive, d. h. in Ihrem Sinne Gott zugewandte Kritik gibt, und daß —
ein wenig pro domo — nicht alles, was im Feuilleton erscheint, darum
auch schon Feuilletonismus[136] ist, wie der Laie allenfalls annehmen
könnte. Hierüber und über anderes Wichtigeres habe ich hoffentlich bald
einmal Gelegenheit, mich Ihnen gegenüber etwas weitläufiger aus-

---

[134] *Ihre kleine Schrift.* Arthur Schnitzler, *Der Geist im Wort und der Geist in der
Tat. Vorläufige Bemerkungen zu zwei Diagrammen* (Berlin, 1927). Now in
Aphorismen und Betrachtungen, ed. Robert O. Weiss (Frankfurt am Main, 1967).

[135] *Popper-Lynkeus.* Pseudonym for Josef Popper (1838-1921), a prominent Austrian
technologist and social reformer. In his autobiography, Auernheimer, in discussing
the significance of the *Feuilleton*, supports his argument by reference to Popper-
Lynkeus: "Der große österreichische Denker, Popper-Lynkeus, der von Goethes
Faust den Namen und von Voltaire den enzyklopädischen Freigeist übernommen
hatte und fortsetzte, hatte mehr die wissenschaftliche Seite dieser reizvollen und
vielverlästerten Literaturgattung im Auge, wenn er, zweiundachtzigjährig, und seit
mindestens sechzig Jahren ein aufmerksamer Leser des Besten, was sie hervor-
gebracht, kategorisch zu mir sagte: 'Das Feuilleton der "Neuen Freien Presse"
ist eine Volksuniversität.' " *Das Wirtshaus zur verlorenen Zeit*, p. 87.

[136] *Feuilletonismus.* Auernheimer, who seemed somewhat defensive about his journalistic activity, expressed his views on the *Feuilleton* in "Unter dem Strich," *Neue
Freie Presse*, 21 January 1936, "Das Feuilleton," *Die Presse*, 25 December 1947, and
in *Das Wirtshaus zur verlorenen Zeit*, pp. 85-90. Representative of his viewpoint
is the following statement: "Das Feuilleton ist das Aschenbrödel der Literatur, ein
sonderbar verkehrtes Aschenbrödel freilich, das seine Karriere umgekehrt macht.
Es feiert als Prinzessin auf dem Ball Triumphe, aber nur am ersten Tag, alle
folgenden sitzt es in dürftiger Gewandung arm und verlassen hinterm Herde und
liest Linsen, während die reichen Schwestern von der hohen Literatur tanzen
gehen... Indessen, es gibt Feuilletons und Feuilletons, und in der Hand der
Besten zumindest, zu denen Herzl gehört, ist das eine Kunstform wie jede andere,
eine die hinter keiner an Feinheit und Nachhaltigkeit zurücksteht." Raoul Auernheimer, *Theodor Herzl-Feuilletons* (Berlin-Wien, 1911), p. XI.

sprechen zu dürfen. Einstweilen wollte ich nur gegrüßt und für die Zusendung des kleinen Buches gedankt haben.

Ihr stets aufrichtig ergebener

R. A.

[63] TO

Dr. Arthur Schnitzler   15. 2. 1927.
Wien, XVIII. Sternwartestrasse 71.

Lieber und verehrter Herr Doktor,

Vielen Dank für die freundlichen Worte anläßlich der Diagramme.[137] Was Ihre Einwendungen anbelangt, so darf ich vielleicht darauf hinweisen, daß Sie die Erwiderung darauf schon in dem kleinen Büchlein selbst finden können. Nirgends wird das Vorhandensein einer positiven Kritik geleugnet. Der Kritiker als Repräsentant einer b e s t i m m t e n G e i s t e s v e r f a s s u n g existiert meiner Ansicht gar nicht. Es wird Berufskritiker geben, die der Geistesverfassung Philosoph, manche, die der Geistesverfassung Dichter, viele, die den Literaten oder den Journalisten, andere, die vielleicht sogar dem Typus Tückebold zuzuzählen sind. Ich sage ferner, daß zuweilen kritische Begabung im Verein mit kritizistischer Charakterveranlagung vorkommt, daß eine solche Anlage ohne spezifisch kritische Begabung, und daß es auch kritische Begabung ohne eigentlich spezifisch kritizistische Charakteranlage gibt. Es heißt weiter: "Der Seelenzustand des Kritizismus wird sich unter den Repräsentanten der negativen Typen b e s o n d e r s h ä u f i g beobachten lassen" etc. etc. "Politiker, Journalisten, Literaten sind vor allem zu diesem Seelenzustand des Kritizismus disponiert." Daß kritische Begabung ausschließlich bei den Typen des negativen Gebiets vorkommt, habe ich niemals behauptet. Was nun den F e u i l l e t o n i s t e n anbelangt, so fasse ich ihn auch n i c h t als einen U r t y p u s weder der positiven, noch der negativen Seite auf. Ich spreche nur von einer besonders starken A f f i n i t ä t des Seelenzustandes Feuilletonismus zur Geistesverfassung Journalismus. Und zum Schluß sage ich: "Es gibt Feuilletonisten von Beruf, es gibt auch F e u i l l e t o n i s t e n v o n B e g a b u n g, die ihrem Seelenzustande nach, manchmal zu ihrem Schaden, k e i n e s w e g s F e u i l l e t o n i s t e n sind." Wenn Sie also sagen, daß nicht alles, was im Feuilleton erscheint, darum auch schon

---

[137] *Diagramme.* This refers to the diagrams accompanying Schnitzler's philosophical essay, *Der Geist im Wort und der Geist in der Tat.* See note 134.

65

Feuilletonismus ist, so ersehen Sie ohne Weiteres aus dem vorher zitierten Satz, daß ich ganz Ihrer Ansicht bin.

Wir sprechen hoffentlich bald ausführlich über all dies und anderes.

Herzlichst grüßend

Ihr

Arthur Schnitzler

Herrn Dr. Raoul Auernheimer,
Wien.

[64]

Dr. Raoul Auernheimer   29. 4. 1927.
Wien
III., Neulinggasse 13

Verehrter Herr Doktor,

Ihre geistreiche und äußerst spannend erzählte neue Novelle "Spiel im Morgengrauen"[138] habe ich in einem Zug gelesen. Sie hat mich von der ersten bis zur letzten Seite, ja darüber hinaus, gefesselt, und ich wüßte vom Auguren- wie vom Genießerstandpunkt nichts auszusetzen als — vielleicht — eine sich steigernde Unwahrscheinlichkeit in der zweiten Hälfte (die Tausendguldennote als Liebeslohn), die aber wahrscheinlich das Morgengrauen entschuldigt, und, damit zusammenhängend, eine gewisse Undurchsichtigkeit im Charakter der "Tante," die aber wohl auch ihre Gründe hat. Jedenfalls zeigen Sie sich auch in dieser neuen Arbeit wieder als ein wahrer M e i s t e r der Novelle,[139] und daß Sie dies heute in noch höherem Maße sind, als Sie es vor dreißig Jahren waren, darüber gestatten Sie mir, mich für Sie, aber auch für mich zu freuen, als Ihr
   stets aufrichtig und sehr herzlich ergebener

R. A.

---

138 *"Spiel im Morgengrauen."* Arthur Schnitzler, *Spiel im Morgengrauen* (Berlin, 1927). Now in *Die Erzählenden Schriften*, II.

139 *Meister der Novelle.* The recent book by William H. Rey, *Arthur Schnitzler, Die späte Prosa als Gipfel seines Schaffens* (Berlin, 1968), reenforces Auernheimer's judgment.

Dr. Raoul Auernheimer   18. 5. 1927.
Wien
III., Neulinggasse 13

Verehrter Herr Doktor,

es steht mir nicht zu, den beifolgenden Appell[140] vor Ihnen zu unter-
schreiben. Sollten Sie, wie ich hoffe, zustimmen, so bitte ich, ihn zu unter-
zeichnen und den Bogen entweder an Dr. Beer-Hofmann[141] weiterzuleiten
oder durch Dr. Bauer[142] an mich zurückzusenden. Ich werde dann auch
meinen Namen daruntersetzen. Selbstverständlich soll auch noch um
andere als die Unsrigen geworben werden: Werfel,[143] Schönherr,[144]
Zweig[145] u. a.

                                                            Ihr aufrichtiger
                                                            R. A.

Dr. Arthur Schnitzler   14. 5. 1928.
Wien, XVIII. Sternwartestrasse 71.

Lieber Herr Doktor,

So oft schon hatte ich Anlaß Ihnen meine Freude auszusprechen, wenn
Sie sich anläßlich meiner Arbeiten öffentlich vernehmen ließen, daß es
eine Unaufrichtigkeit wäre, Ihnen zu verschweigen, daß Ihr Artikel über
die "Therese"[146] mir nicht ausschließlich Vergnügen bereitet hat. Zwar

---

140 *Appell.* Not found.
141 *Beer-Hofmann.* Richard Beer-Hofmann (1866-1945), Viennese dramatist, prose
   writer and lyric poet. One of the *Jung-Wien* group of friends, who like Auernheimer died in exile in the United States.
142 *Dr. Bauer.* Not identified.
143 *Werfel.* Franz Werfel (1890-1945), Austrian poet, novelist and dramatist.
144 *Schönherr.* Karl Schönherr (1867-1943), Austrian dramatist from the Tyrol.
145 *Zweig.* Stefan Zweig (1881-1942). Austrian poet, dramatist and prose writer, whose
   biographies made him world famous. Auernheimer wrote a eulogy for his friend,
   whose career in many ways paralleled his own. See *The Torch of Freedom*, ed. Emil
   Ludwig and Henry B. Kranz (New York, 1943), pp. 409-426.
146 *"Therese."* Arthur Schnitzler, *Therese, Chronik eines Frauenlebens* (Berlin, 1928).
   Now in *Die Erzählenden Schriften*, II. After calling Schnitzler "Ein Meister, auch
   der Form der Erzählung..." Auernheimer concluded his review as follows: "Man
   hat Schnitzler manchmal den Vorwurf gemacht, daß sein Werk nicht hinüber-
   greife in eine höhere, unsinnliche Welt, deren Vorhandensein der Denker in ihm
   nachdrücklicher als der Dichter verneint. Hier, in diesem seinem jüngsten Buch,
   unterstellt er zum erstenmal nicht bloß die Möglichkeit eines übersinnlichen Zu-

gestehe ich Ihnen ohne Weiteres zu, daß man kaum freundlicher und respektvoller über ein Buch zu schreiben vermag, für das man künstlerische und menschliche Sympathien nur in bescheidenem Maße aufzubringen vermochte; und auch dieses Ihr letztes Feuilleton (mit welchem Wort natürlich nur die Stelle bezeichnet werden soll, an der es innerhalb des Blattes steht) enthält Stellen genug, in denen Ihre wahrhaft freundschaftliche Gesinnung klar zu Tage tritt, — trotzdem kann ich meinen Eindruck nicht verhehlen, daß Sie meinem Werk in manchen Einzelheiten und vor allem in seiner Totalität nicht völlig gerecht geworden sind; — insbesondere findet das für mich in dem Schlußwort Ihrer Kritik seinen Ausdruck (einen so herben, vielleicht nur deshalb, weil es eben das Schlußwort ist), daß ich den Roman der "Therese" nicht geschrieben, sondern nur umschrieben hätte. Dieses Resumée bedeutet nichts anderes, als daß mein Roman (dessen Schwächen in manchen Details, möglicherweise auch in der Konzeption ich keineswegs verkenne) als Ganzes eine Skizze geblieben ist, ein Endurteil, das freilich in seiner Absolutheit ebenso unwiderlegbar ist als es unbeweisbar sein dürfte und das mir persönlich

sammenhanges, sondern scheint ihn zu bejahen; denn, wenn die Ermordung Theresens nicht in den Mordanwandlungen der Entbindenden begründet wäre, welchen Sinn hätte es für Schnitzler haben können, die Chronik dieses Frauenlebens aufzublättern? Die Gestalt der Therese an und für sich ist nichts weniger als interessant, soll es nach Absicht des Dichters wohl auch gar nicht sein. Einige andere der eingeführten Figuren sind es in etwas höherem Maße und diese oder jene bewährt wohl auch die Meisterhand ihres Schöpfers: der hochstaplerische Tobisch etwa, bei dem sich, wie bei jedem Hochstapler, am Ende seiner Laufbahn herausstellt, daß er nur ein gemeiner, kleiner Lügner war, oder die anmutige Thilda, in deren Erscheinung Klugheit, Takt und Kühle eine sehr zeitgemäße Verbindung eingehen. Auch Thildas Vater, Herr Wohlschein, gehört hierher, Theresens letzter Liebhaber, der sie sogar geheiratet hätte, ihr aber, da ihn unvermuteterweise der Schlag trifft, nur tausend Gulden hinterläßt. Schnitzlers Erzählung spielt noch im Österreich der Guldenwährung, der Krieg bleibt außer Betracht. Dennoch macht sich sein nachwirkender Einfluß fühlbar. Aus einem metaphysischen Keimpunkt entwickelt, transzendiert der Fall der armen Therese zugleich merkbar ins Soziale, seine Verallgemeinerung liegt nahe, und Schnitzler deutet sie einmal mit milden Worten an, wenn er von jenen 'heimatlosen Geschöpfen spricht, die, ob sie nun Kindermädchen, Bonnen oder Gouvernanten heißen, in der Welt herumgestoßen werden, von einem Haus ins andere, und die, auch wenn sie die Pflichten gegen ein ihnen anvertrautes Kind mütterlicher erfüllen als die eigene Mutter — ja, auch wenn sie ein Kind geliebt oder mehr geliebt hatten als ihr eigenes, auf jenes doch nicht das geringste Recht besaßen....' Man kann das Thema des Gouvernantenromans nicht großmütiger umschreiben, als Schnitzler es in diesen Zeilen tut, und so scheidet man am Ende seiner ergreifenden Erzählung mit einem leisen Bedauern, daß der Dichter den Roman, den er umschreibt, nicht auch geschrieben hat." *Neue Freie Presse*, 22 April 1928, pp. 1-3.

doch eine Unterschätzung, wenn nicht gar ein Mißverstehen meiner "Chronik eines Frauenlebens" und seiner technisch-künstlerischen Absichten zu sein scheint. Dies vor allem wollte ich aussprechen; auf geringere Einwände gehe ich umso weniger ein, als sie mir ja oft genug selbst begründet erscheinen; über einen ganz offenbaren Irrtum aber (der ganz außerhalb des ästhetischen Gebiets liegt) kann ich nicht gleichgültig hinwegsehen, — die Bemerkung nämlich, daß ich das Bestehen einer höheren unsinnlichen Welt als "Denker wenigstens verneine (und erst in meinem jüngsten Buch[147] zum ersten Male die Möglichkeit eines übersinnlichen Zusammenhanges zu bejahen scheine)." Ein Blick in meine Gesamtproduktion, vor allem aber in meine vor kurzem erschienenen Aphorismen,[148] besonders in den, wenn ich ihn so nennen darf, religiös-philosophischen Teil, müßte nicht nur Sie, lieber Herr Doktor, sondern alle diejenigen, die mir, wie es in Ihrem Feuilleton heißt, jenen Vorwurf machen, unwiderleglich überzeugen, daß ich nur das läppische und unlautere Geschwätz über das Unfaßbare, Unendliche, Über- oder Außersinnliche ablehne, keineswegs also so töricht bin oder jemals war, das Bestehen einer solchen übersinnlichen Welt und ihr Hineinspielen, Hineinragen, Hineindrohen in unsere menschliche Existenz zu leugnen. Freilich, mit den Flüchtlingen des Gedankens, den Mystikern und Okkultisten, von den Spiritisten gar nicht zu reden, will ich nichts zu tun haben und bleibe, der Grenzen allen metaphysischen Erkennens wohl bewußt, auch weiterhin in den Reichen der Realität und des relativ Erforschbaren redlich bemüht, die mir, gemessen an der Kürze unseres Erdendaseins und der

---

[147] *in meinem jüngsten Buch.* See note 134.

[148] *Aphorismen.* Arthur Schnitzler, *Buch der Sprüche und Bedenken* (Wien, 1927). Auernheimer discussed this work in a *Feuilleton*, entitled "Dichter und Philosoph": "Den Geist, den Schnitzler in seinem Dialog versprühte — doch immer im Dienste dramatischer Charakteristik — sublimierte er in seinen letzten Jahren zu einem köstlichen kleinen Werk: 'Buch der Sprüche und Bedenken.' Es ist ein rein philosophisches Buch, aber ein von lebendigster Anschauung völlig durchdrungenes, von der Art etwa der großen Moralisten des französischen siebzehnten und achtzehnten Jahrhunderts, eines La Bruyère, eines Chamfort... Dennoch atmet jeder dieser Sätze etwas vom Wesen Schnitzlers, in ihrem Gefüge webt das Geheimnis der Persönlichkeit." Auernheimer concludes his discussion by quoting from Schnitzler's letter to him and commenting: "Spricht so ein platter Materialist und Gottesleugner? Gewiß nicht. Wohl aber ein Mann, der an die Wahrheit glaubt. Auch das ist Glaube und vielleicht der sittlichste Teil jedes Glaubens, jeder Religion. Wenn also, wie die Priester sagen, Gott die Wahrheit ist, dann waren auch die philosophischen Bemühungen Arthur Schnitzlers, des Künstlers wie des Denkers und des Menschen, der beide zusammenfaßt, auf Gott gerichtet. Dann lebte, dann dichtete, dann ruht er 'in Gott.'" *Neue Freie Presse,* 1 May 1932, p. 3.

Unzulänglichkeit unserer Sinne, auch schon unendlich und geheimnisvoll genug erscheinen.

Dies wenige nur wollte ich für heute aussprechen und damit einer ganz kleinen Verstimmung aufrichtigen und vielleicht sogar übertriebenen Ausdruck verleihen, womit sie auch schon aus der Welt geschafft ist. Ich habe Ihnen, lieber Doktor Auernheimer, so viel tief eindringendes Verständnis, ja sogar gelegentliche Überschätzung zu danken, daß ich auch noch in Ihrer Schuld bleibe, wenn Sie einmal, — wie es möglicherweise nur dem bekanntlich immer empfindlichen Autor dünken mochte — einem seiner Werke mit geringerer Herzlichkeit und innerer Bereitschaft entgegenkamen, als er es eben von Ihnen gewohnt war.

Und somit einen freundschaftlichen Händedruck und schönen Gruß von

Ihrem
Arthur Schnitzler

Herrn Dr. Raoul Auernheimer,
Wien.

[67]

Dr. Raoul Auernheimer   16. 5. 28.
Wien
III., Neulinggasse 13

Verehrtester Herr Doktor,

Ihr gütiges Schreiben, für dessen Offenheit ich Ihnen Dank weiß, setzt mich einigermaßen in Verlegenheit. Denn einerseits möchte ich Sie um nichts in der Welt verstimmt haben, geschweige denn wissen, andererseits kann ich von meinem Urteil, das ja nicht aus Gefälligkeit entsprang, aus Gefälligkeit auch nichts zurücknehmen. Nur in einem Punkt liegt ein offenbares Mißverständnis vor, das ich richtigstellen darf und muß. Es betrifft den Schluß, der Sie verletzt hat. Ich behauptete ja nicht, daß Sie "den Roman der Therese nur umschrieben" — also nur skizziert — hätten, wie Sie es in Ihrem Briefe ausdrücken, sondern daß Sie den "Gouvernanten-Roman,"[149] der meines Erachtens in Ihrem Roman steckt, und den Sie andeuten, nur umschrieben haben, was ich, weil sich mir von hier aus weiterreichende sociale Perspektiven zu eröffnen scheinen, bedaure. Andere werden es wahrscheinlich nicht bedauern und den Roman nicht anders wünschen, als er aus Ihrer Hand hervorging. Ihnen vorzuwerfen, daß er nur eine Skizze geblieben ist, fiel mir jedenfalls

---

[149] *Gouvernanten-Roman.* See note 146.

70

nicht ein, und ich glaube auch nicht, daß irgendjemand der meinen Aufsatz unvoreingenommen gelesen hat, diese Auffassung aus der von mir gewählten Schlußwendung herauszulesen vermag.

Lieber, verehrter Herr Doktor: Ich habe einmal gesagt und nicht nur gesagt, sondern auch veröffentlicht (was etwas ganz anderes ist, wie ich aus eigenster Dichtererfahrung weiß), daß ich keine drei Dichter zu nennen wüßte, denen ich mehr verdankte, als Ihnen, und keinen einzigen, dem ich, was ich ihm verdanke, lieber verdanke.[150] Betrachten Sie mich, bitte, in diesem Sinne, und übrigens nicht nur in diesem, stets als den Ihrigen, selbst für den Fall, daß der Denker in Ihnen übersinnliche Zusammenhänge lebhafter bejahen sollte, als es nach außen hin bisher den Eindruck machte.

Ihr von ganzem Herzen ergebener

R. A.

[68] HO

Wien, 17. 5. 28.

Lieber verehrter Herr Doctor,

daß mich irgend etwas in Ihrem Feuilleton[151] "verletzt" hätte — davon kann keine Rede sein — ich hatte nicht den entferntesten Anlaß dazu, — und sprach auch nur von einer kleinen Verstimmung über jene Bemerkung, die mir eben ein Misverständnis [sic] schien. Ihnen dies nicht zu verhehlen schien mir bei der Beziehung zwischen uns, bei meiner freundschaftlichen Gesinnung für Sie und bei der Überzeugung von der Ihren für mich, bei meinem Bedürfnis gegenseitiger völliger Aufrichtigkeit in dem so seltenen Fall eines menschlich und künstlerisch reinen Verhältnisses wie es zwischen uns besteht, selbstverständliche Forderung. Ganz ohne Verschiedenheit der Ansichten kann es (glücklicherweise) nicht abgehen — völlig ist Einer über den Andern seelisch nie informiert, und es kommt wenig darauf an, einander zu überzeugen — sondern nur darauf, daß jede Discussion in einer durch kein Wölkchen der Rückhältigkeit getrübten Atmosphäre stattfinde. Ich verlange so wenig von Ihnen, daß Sie irgendwas "zurücknehmen," wie Sie es von mir erwarten — wir bleiben die Alten, jeder wie er ist, — und in gegenseitiger echter und herzlicher Zuneigung wie ichs von Ihnen weiß, und Ihnen von mir gern bei dieser Gelegenheit wieder einmal versichere.

Ihr getreuer
Arthur Schnitzler

150 See note 57.
151 *Feuilleton*. See note 146.

[69] TC

Wien, 5. 7. 1928.

Lieber Herr Doctor,

heute Früh kam ein sehr charmanter Brief von Z[weig?][152] aus Paris —
(mit eingeschlossener achtungsvoller Kritik von Antoine[153]): soweit nehme
ich meine gestrigen voreiligen Bemerkungen über Ungefälligkeit etc. reuig
zurück. (Wie selten hat man zu dergleichen Gelegenheit!) — Lassen Sie
sichs wohl ergehen in Altaussee, und in Ruhe und Arbeit gleich gut beha-
gen. In herzlichem Gedenken der gestrigen wohlthuenden Gartenstunde
mit vielen Grüßen der Ihre.

A. S.

Eben kommt Ihr Brief mit der Baseler National-Zeitung.[154]
Danke schön.

Ihr
A. S.

[70] TC

Berlin, 2. 1. 1930.

Lieber Herr Doctor,

Ihr schöner Artikel[155] ist mir hierher nachgefolgt. Ich hab mich gefreut

---

152 Z. Possibly Stefan Zweig. See note 145.
153 *Antoine.* André Antoine (1857-1943) actor, director and famed as the founder
of the *Théâtre Libre* in Paris (1887). He directed at the *Théâtre Antoine* (1897-
1906) and *Théâtre de l'Odéon* (1906-1914). Later he became a theater critic. The
criticism referred to in this letter has not been found.
154 *Baseler National-Zeitung.* Auernheimer began writing Feuilletons for the *Baseler
National-Zeitung* in 1920. He continued to write for this newspaper until his
death in 1948. A final tribute to Auernheimer included the following characteriza-
tion of his works: "Daneben pflegte er den zeitkritischen Essay, wurde zu einem
der Träger jener typischen Wiener Feuilletonkultur, wie ein Speidel sie zur Tradition erhob, und die tiefer drang als die bloße anmutige Causerie.
Ueber dem Journalisten aber stand der Dichter Auernheimer, der sich seine
eigene Stellung schuf im reichen Schrifttum seiner Zeit. Die Novelle und die
leichte Komödie waren die beiden Gebiete, die seinem dichterischen Temperament
am meisten entsprachen.... Mit psychologischer Feinheit der Menschenbeobachtung
und der sprachlichen Geschliffenheit verbindet sich in ihnen jene heitere Anmut
der Lebensbetrachtung, jener überlegene Lebenshumor, die von jeher als typisch
wienerisch galten." *Baseler National-Zeitung*, 12 January 1948, p. 1.
155 *Ihr schöner Artikel.* It is not clear to which article by Auernheimer Schnitzler
is referring. There was no *Feuilleton* concerning Schnitzler around this date.

und danke Ihnen sehr! Auf Wiedersehen und alles herzliche zum neuen Jahr!

Ihr
A. S.

[71] TC

Wien, 18. 2. 31.

Lieber Herr Doctor,

man sagt mir Sie seien auf dem Semmering. Erlauben Sie mir Ihnen recht unfeierlich aber sehr herzlich zu schreiben, wie mich Ihre schönen und freundschaftlichen Worte zum G[ang] z[um] W[eiher][156] erfreut, ja wie sehr sie mich bewegt haben! Und wie mir gerade die leise Tasso-Anspielung[157] wohlgethan hat, weiß keiner besser als Sie. Schade daß man nicht dreißig Jahre jünger ist — man hätte noch eine schöne Entwicklung vor sich. Aber ich darf Ihnen doch danken —? Auf Wiedersehen

Ihr
A. S.

[72]
[Ansichtskarte - Alt-Aussee mit dem Dachstein]

Herrn Dr. Arthur Schnitzler   23. 7. 31.
Wien XVIII.
Sternwartestr. 71.

Hier gehen hocherfreuliche Gerüchte um, daß Sie, verehrter Hr. Dr. nach Aussee kommen wollen. Hoffentlich seh ich Sie noch. Ich bleibe zunächst nur bis Anf[ang] August /: ab 1. 8. im Park-Hotel :/ und komme dann erst am 1. 9. wieder. Wenn ich Ihnen bei Beschaffung "sturmfreier" Zimmer behilflich sein kann, erfreuen Sie, bitte, mit einer Weisung in dieser Richtung Ihren aufrichtig ergebenen

Raoul Auernheimer

---

156 *G.Z.W.* Arthur Schnitzler, *Der Gang zum Weiher.* See note 128.
157 Auernheimer in his review had stated in part: "Nie hat sein dramatischer Vers so melodisch geatmet, so 'Tasso'-ähnlich Süßigkeit und Reife im Gleichgewicht gehalten; nie hat er schönere Verse gemacht und nie noch hat man dankbarer empfunden, daß er zur Muttersprache aller Poesie zurückkehrend, welche macht." *Neue Freie Presse*, 17 February 1931, p. 1.

Wien. 1. 8. 1931.

Lieber Herr Doctor, die Gerüchte über meine Ausseer Reise dürften sich
nicht bewahrheiten; ich war auf dem Semmering, bleibe jetzt ein paar
Tage hier, es ist noch unsicher wohin ich dann fahre, um, voraussichtlich,
mit meinem Sohn zusammenzutreffen (der augenblicklich im Oetzthal ist).
Für Ihre herzlichen Worte danke ich Ihnen sehr und grüße Sie, in der
Hoffnung eines Wiedersehens, aufs herzlichste.

Ihr
A. S.

[74] HO

Dr. Arthur Schnitzler
Wien XVIII. Sternwartestrasse 71[158]

Lieber Doctor Auernheimer, schönsten Dank für die "Schule der Snobs,"[159]
der ich eine angenehme Viertelstunde verdankte. Also — ich hätte diesem
reizenden wie fruchtbaren Einfall auch viel lieber eine ganze Stunde (oder
mehr) des Vergnügens zugebracht — und damit glaube ich meine einzige
ernstliche Einwendung ausgesprochen zu haben. Ich finde, die Komödie
ist, zu Unrecht, Skizze geblieben; kaum hat man angefangen sich für die
Leute zu interessieren — sich über sie zu amüsieren — so sind sie hinter
den Culissen verschwunden. Schreiben Sie doch das ganze Stück, das
offenbar ziemlich farbig in Ihnen auf Erlösung wartet — das Thema ist
ernst genug für ein Lustspiel, und für ein ausgewachsenes!

Herzlichst
Ihr
Arthur Schnitzler

---

[158] We have been unable to date this letter precisely. Since Schnitzler moved to
Sternwartestrasse in 1910, the letter was written after that date.

[159] *Schule der Snobs*. Raoul Auernheimer, *Schule der Snobs, Wiener Sittenbild*. In
this comic scene young bourgeois newlyweds are disabused of their snobbish
pretentions. No reference to this work has been found in any bibliography, and
it has proved impossible as yet to determine when it was written or where it was
published.

PART II

RAOUL AUERNHEIMER'S APHORISMS

INTRODUCTION

The following selection of Raoul Auernheimer's unpublished aphorisms have been included in this volume of correspondence as a means of further demonstrating both the range of Auernheimer's interests and concerns and the depth and perceptiveness of his thought. These aphorisms also serve to show the similar outlook of Schnitzler and Auernheimer on intellectual, artistic, moral, and social matters.[1] Finally, they demonstrate that Auernheimer surpassed the level of an ordinary journalist in his ability to formulate ideas.

This collection of aphorisms represents only a small proportion of the vast number of ideas which Auernheimer expressed in this form. The validity of this particular selection and arrangement derives from the fact that Auernheimer himself organized these aphorisms in the sequence presented here. At the time of his death, he had been engaged in preparing a volume of his aphorisms and poems for publication. The manuscript, which is clearly a working copy and not fully completed, consists of one hundred and one single-spaced, typewritten pages, drawn from various notebooks and listed under separate headings. In addition to the aphorisms reproduced here, Auernheimer had included lyric poems, verse epigrams under the title *Stachelreime*, and a selection of verses entitled *Grabschriften*. What other materials might have been intended for this volume is not evident, for no notations or outlines have been located in the *Nachlass* that might indicate the scope of the projected work. Since to recreate the entire manuscript as Auernheimer left it would have exceeded the intended scope of this edition, the editors have chosen to reproduce only the aphorisms, which in their opinion are artistically superior to the poems.[2]

---

[1] This parallelism may best be seen by comparing Auernheimer's aphorisms with Schnitzler's two collections, *Der Geist im Wort und der Geist in der Tat* and *Buch der Sprüche und Bedenken*. For Auernheimer's commentary on these collections see letters 62 and 63 in this volume and the *Feuilleton*, "Dichter und Philosoph," *Neue Freie Presse*, 1 May 1932, pp. 1-3.

[2] It is perhaps noteworthy that while Auernheimer never published any of his

Auernheimer had initially entitled his manuscript "Worte in verbind-licher Form." This title was later struck over, and Auernheimer wrote in by hand the title which we have used: "In Worten." The second group of aphorisms included here bears the separate heading "Was ich sagen wollte." Despite the different title, Auernheimer's handwritten notation on the manuscript indicates clearly that he intended the organization that we have used.[3] A third section of four pages also contains aphorisms under the heading "Aus einem Notizbuch." Since virtually all of these aphorisms duplicate those in "Was ich sagen wollte," we have omitted them. Whether he would have ultimately resolved the difference in titles or would have retained all of the various sub-titles is uncertain.

The different headings serve as a means of identifying the source of the aphorisms, that is, they identify the notebook from which they were drawn and hence the period in which they were written. "In Worten" consists of aphorisms written in Austria. Since we have not been able to consult the original notebooks which are in the possession of the Vienna *Stadtbibliothek*,[4] it has not yet been possible to date these aphorisms precisely or to indicate whether they all come from a specific period of his life or represent a cross section of aphorisms taken from notebooks written in different years. However, the aphorisms included in "Was ich sagen wollte" were all written during the period 1939-1943, the first years of Auernheimer's exile in America. The original handwritten note-book from which they were taken is titled simply "Bis 1943" and is one of four such notebooks included among the *Nachlass* materials in our possession. Thus we are able not only to date the genesis of these works accurately but also to observe the textual changes that were made in transcribing them from their original handwritten form to the typescript.

Throughout his life, Auernheimer apparently kept notebooks in which he collected observations and thoughts as they occurred to him. They contain a wide variety of entries: poems, aphorisms, epigrams, random ideas and titles of works, as well as quotations from famous writers and newspaper clippings of human interest stories which for one reason or another must have captivated his imagination. The aphorisms chosen by Auernheimer for inclusion in the manuscript, "Was ich sagen wollte,"

aphorisms separately (he incorporated some of them into his other works), he did publish a number of his poems.

[3] The notation reads "(Aus den in Amerika geführten Notizbüchern). Einzugliedern in die vorhandene Abschrift der Aphorismen zwischen Seite 46 und Seite 47."

[4] The Vienna *Stadtbibliothek* possesses seventeen handwritten notebooks, a gift of Mrs. Irene Auernheimer. It is virtually certain that the original versions of these aphorisms are to be found in one or more of them. Whether additional notebooks still remain in the personal possession of the author's daughter is unknown.

represent only approximately ten percent of the total number of entries recorded in the notebook. Whether his choice implied a value judgment or whether his selections were made on the basis of subject matter is impossible to determine, but we incline to the former view.

The aphorism would seem to be a natural form for Auernheimer to employ, since writing in short forms was his specialty. Throughout his life it was one of Auernheimer's particular grievances (and not his alone — Hermann Bahr felt the same way) that because he earned his living primarily as a journalist and *Feuilletonist* and because he wrote light comedies, he did not receive the recognition that he felt he deserved as a thinker. Moreover, he wrote with such a deceptively easy style that his readers often mistakenly judged the material itself as lightweight. Yet, as his aphorisms demonstrate, Auernheimer was an unusually keen observer of the human comedy and was able to transform his observations and experiences into meaningful and memorable commentaries.

These aphorisms also enable one to form a judgment about Auernheimer's optimistic, idealistic, and humanistic attitude toward life, for this form is subjective by nature. Thus, although the aphorism taken singly offers splinters or fragments of truth, when viewed collectively, they provide a fairly comprehensive view of the author's outlook. Quite conceivably, Auernheimer was attracted to this form, because, like the *Feuilleton*, it provided him with an opportunity to express his personal views on important issues and at the same time to demonstrate his talent for felicitous phrasing. Many of the aphorisms gain their effect from twists of words or striking antitheses, devices that are natural to this particular form and techniques that are particularly favored by Auernheimer in all of his writings. Although he never minimized the entertainment quality of his writings,[5] Auernheimer was nevertheless a moralist, who generally attempted to edify his readers at the same time. In this endeavor he emulates the other *Jung-Wien* writers, whom he considered as his models. Even in his use of the aphoristic form, he is following a practice of most of the major Viennese writers of the time, who are all represented by collections of aphorisms: Hofmannsthal, *Buch der Freunde*; Schnitzler, *Der Geist im Wort und der Geist in der Tat* and *Buch der Sprüche und Bedenken*; Beer-Hofmann, *Vom Dichter — Dramaturgisches — Aphoristisches*; Karl Kraus, *Beim Wort genommen*; Hermann Bahr, *Mensch, werde wesentlich*; and Rudolf Schröder, *Zum Begriff des Witzes* and *Aphorismen*.

---

[5] One of the aphorisms in the notebook "Bis 1943" reads: "Die gute Literatur *aller* Zeiten war unter anderem auch unterhaltend. *Unter anderem*: Daran liegt es."

Auernheimer's aphorisms touch virtually every important topic relating to human behavior, morality, and institutions and provide commentary on such issues as truth, truthfulness, God, religion, culture, society, politics, materialism, Vienna, and America. A number of aphorisms deal with character or lack thereof, and such attitudes as resignation and cynicism. As might be expected, women, love, and marriage are major topics, and the renowned lovers Don Juan and Casanova, who were popular symbolic figures for Hofmannsthal and Schnitzler as well, are frequently contrasted. Many of the aphorisms deal with literary topics such as the nature of literature and writing, the task of the writer, journalists, the differences between comedy and tragedy, the function of humor and wit, and the importance of reading. This brief summary is not intended as a complete index of the issues and ideas covered, but is only to serve as an indication of the scope and diversity of the subject matter. As will be noted, Auernheimer made no effort to group the aphorisms by topic. As the manuscript was left, there seems to be no unifying principle other than the notebooks from which the particular aphorisms were selected.

One notable difference between the two selections of aphorisms presented here, that is, between those written in Vienna and those based on experiences in America, is the change of subject matter emphasis. The earlier collection basically concerns the social game and revolves about the male-female relationship, about love and flirtation. In this sense they reflect the topics that predominate in Auernheimer's literary works of the Vienna period. By contrast, the aphorisms written in America are devoted to more serious issues such as politics and concerned with such ultimate questions as death and the role of God in life. The shift in focus exemplifies the enlarged perspectives of Auernheimer's thinking after his concentration camp experience and forced exile. Whereas earlier in the Vienna that Stefan Zweig described as "das goldene Zeitalter der Sicherheit,"[6] Auernheimer had taken matters like politics for granted, the chaos resulting from the 1930's and the upheaval of World War II demanded a reassessment and restatement of fundamental principles. It is particularly noteworthy that he never changed his basic outlook or viewpoint. A comparison of these aphorisms with his earlier works will show that he remained throughout his life steadfastly true to his ideals and convictions.

Although Auernheimer normally commented in his *Feuilletons* on all topics that interested him, there is no *Feuilleton* devoted to the aphorism. Possibly this neglect stems from the fact that he never published any of his aphorisms in his lifetime. His only known direct comments on this

[6] Stefan Zweig, *Die Welt von Gestern* (Stockholm, 1953), p. 13.

form consist of two aphorisms that attempt to define the aphoristic spirit and effect rather than the form: "Im Umgang mit dem Aphorisma ist äußerste Vorsicht geboten. Denn es kann auch scharf geladen sein, und dann durchschlägt es selbst faustdicke Lügenpanzer." (p. 106) Since Auernheimer felt that length bore no relationship to the importance of what was said, it is not surprising that he felt he was underrated because he used short literary forms almost exclusively. In a sense his situation is somewhat parallel to the manner in which Schnitzler had been deprecated throughout his career for his alleged inability to write longer works.

Auernheimer's second aphorism relates this form to his preferred genre — comedy: "In jedem gelungenen Aphorisma steckt ein unterbliebenes Lustspiel. So beruht auch auf dem, was sie verhindert, die hohe literarische Bedeutung dieser Gattung." (p. 106) The relationship of the aphorism to comedy, which was Auernheimer's natural form, helps explain his affinity for the aphorism and at the same time also indicates the kind of concern which he feels belongs in the domain of the aphorism. By his emphasis on the comedy form, Auernheimer stresses the realm of human conduct as his principle area of focus. It should be noted that this aphorism stems from the earlier period in Austria, when the comedy was Auernheimer's main interest. Since he specifically included this aphorism among those to be published, he must have considered it to be still valid.

Since the aphorisms are included here and can thus speak for themselves, as it were, it is unnecessary to present a detailed description and analysis of them. However, a few comments on the style and form seem appropriate. Auernheimer's aphorisms range from simple perceptions — what one might call *Einfälle* — to brief essays, ranging from a paragraph to half a page in length. Most of the aphorisms fit Auernheimer's own definition of an *Einfall:* "Was ist ein guter Einfall? Eine gangbare Brücke zwischen zwei Welten." (p. 108) His aphorisms are intended to be bridges, which is the function that he also hoped his *Feuilletons* would accomplish. Occasionally his statements are *aperçus*, brief flashes of intuition, which he presents directly as assertions of fact. At other times they are more detailed commentaries, as Auernheimer presents not merely a categorical statement but a more detailed, reasoned argument by which he attempts to persuade his reader to accept his viewpoint. In all cases they provide stimulus for further thought. Aphorisms, like intuited ideas, are generally not documented nor logically argued. Rather, they establish a basically subjective viewpoint which offers an insight into some aspect of human affairs. The reader is stimulated either to come to the same conclusion or to disagree. In most instances such *Einfälle*, as products

81

of intuition or personal experience cannot be proved empirically but can only be stated as glimpses of a higher reality. Auernheimer's aphorisms do make connections between worlds in the sense that they enable the reader to compare his own world view with the author's.

With respect to technique, Auernheimer's aphorisms display the full range of possibilities that are commonly recognized: chiasmus, parallelism, anthitesis, comparison, surprise, play on words, and twists of language.[7] The stylistic formulation is an important aspect of the aphorism's effectiveness. Auernheimer's aphorisms exemplify this feature, and often make their initial impact through their conciseness, imagery, and surprising effects of language. This quality is also typical of his other works. Thus, the aphoristic form provides Auernheimer an excellent opportunity to demonstrate his talent with language. However, in his case language manipulation never degenerates into mere playing with words, for the arrangement of the words must lead to the heart of the idea, if the aphorism is to have any validity. While the form itself may attract the reader initially by clever juxtapositions or unexpected twists of meaning, ultimately it is the thought or insight conveyed by the aphorism that determines its real and continued value after the initial suprise has lost its effect.

Auernheimer's aphorisms are based on personal experience, observation, and reflection, and in all cases represent his particular world view. They offer not only moral instruction but also practical guidance to everyday problems of life. Although Auernheimer states that if he had to choose between cynicism and deception, he would prefer cynicism: ("Zynismus ist verwerflich. Aber wo ich die Wahl habe zwischen Zynismus und Verlogenheit, bin ich für Zynismus."), he never was compelled to make such a choice. Despite the vicissitudes and hardships to which he was exposed, he never became a cynic but remained an optimist and an idealist, with a firmly organized world outlook. His staunch resolve in life undoubtedly was rooted deeply in his character. At the same time he was probably sustained also by his deep religious conviction, for he was a man who never suffered any doubts that God was the unifying and supreme force in life. It is, in fact, a source of amazement to him

---

[7] For a detailed examination of the aphorism form see Wilhelm Grenzmann, "Aphorismus," Merker-Stammler, *Reallexikon* (Berlin, 1955), pp. 94-97; Franz A. Mautner, "Der Aphorismus als literarische Gattung," *Zeitschrift für Ästhetik und allgemeine Kunstwissenschaft*, 27 (1933), 132-175; also "Der Aphorismus als Literatur," *Jahrbuch, Deutsche Akademie für Sprache und Dichtung* (Darmstadt, 1968), pp. 51-71. A most useful and valuable book is Rainer Noltenius, *Hofmannsthal—Schröder—Schnitzler: Möglichkeiten und Grenzen des modernen Aphorismus* (Stuttgart, 1969).

that anyone could doubt the existence of God or the central role of God in the world.

Auernheimer's fundamental optimism and positive affirmation of life that emerge from the following pages, is succinctly captured in the following aphorism which forms not only a fitting conclusion to this discussion but also might serve as an appropriate epitaph for Auernheimer:

> Meditation am 70. Geburtstag: Der Mensch kommt mit einer Bitte zur Welt, dann sagt er ein langes Leben lang in den verschiedensten Formen immer nur "Bitte!" Aber wenn man ganz alt geworden ist, sollte man eigentlich immer nur "Danke!" sagen, für alles und jedes und vor allem dafür, daß man immer noch auf der Welt ist und das wunderbare Schauspiel genießt, das man so oft seufzend "das Leben" nannte. (pp. 140 f.)

When one considers that this was written during Auernheimer's exile and after having experienced a number of years of the most depressing adversity with respect to the publication of his writings in America, one has a measure of the character of Raoul Auernheimer.

Noch einmal jung sein?!
Nein!
Doch der Jugend Weg zu sehen
Zu beglänztern Lebenshöhn,
Und ein Stück noch mitzugehen —
Wäre schön!

Alles Literarische ist nur Fragment. Und erst, wenn ein *Mensch* oder eine *Idee* dahinter hervortritt, wird, in glücklichen Augenblicken, vorübergehend ein Ganzes daraus.

IN WORTEN

Der Schützengraben des Schriftstellers ist die Wahrheit. Ein lebensgefährlicher Aufenthalt.

*

Nichts macht so beliebt wie Feinde. Aber es müssen die richtigen sein!

*

Sich auseinandersetzen! Wie sinnreich drückt das die Sprache aus. In der Tat, indem man seinen Stuhl etwas weiter wegrückt, kommt man, sich *auseinandersetzend*, der Sache manchmal näher.

*

Die Liebe ist eine Addition, die Ehe eine Gesellschaftsrechnung. Wer, der nur addieren kann, kennt sich da noch aus!

*

Aufbewahrte Liebesbriefe — eine Sammlung abgebrannter Zündhölzchen in einer alten Schachtel!

*

Der Zank von Eheleuten ist wie das Bellen der Hunde. Ein gesunder Hund bellt.

*

Die Familie ist eine sinnreiche Erfindung, durch die Verwandte einander am Zusammenkommen hindern.

*

Echte Liebenswürdigkeit. — Wer sich zusammennehmen muß, um liebenswürdig zu sein und dem es gelingt, ist noch nicht liebenswürdig. Wer sich zusammennehmen muß, um *un*liebenswürdig zu sein, und dem es *nicht* gelingt, *ist* liebenswürdig.

*

Den Reichen ist auf der Welt nichts wichtiger als ihr Geld, den Herrschenden ihre Macht, den schönen Frauen ihre Schönheit — und nur dem Künstler sollte sein Talent völlig gleichgiltig sein?

*

Als der Mann die Welt geschaffen hatte, war sie durch zwei teilbar. Da meldete sich die Frau zum Wort und rief: Und *ich*? Wo bringst du *mich* in deiner Lebensrechnung unter? Nichts leichter als das, erwiderte der Mann und schrieb die anspruchsvolle neue Ziffer in die fertige Weltrechnung an einer versteckten Stelle ein. Seither aber geht von seinen tausend Rechnungen nicht eine mehr ohne Rest auf. Überall bleibt ein Bruch; nichts stimmt. Und eben weil es nicht stimmt, bekommen auf einmal die Dichter, Geschöpfe zwischen Mann und Weib, zu tun. Denn was sind sie schließlich anderes als die ewigen Kontrollorgane einer Lebensrechnung, die nie stimmt?

*

Konstantinopel verdankte im neunzehnten Jahrhundert seine Bedeutung dem Umstand, daß dort die Schlüssel zum Heiligen Grabe lagen. Das Wien des zwanzigsten Jahrhunderts hat eine ähnliche Bedeutung. Hier liegen die Schlüssel zum Heiligen Grab der europäischen Kultur.

*

Deutsches Lustspiel. Mozarts Name ist der richtungsgebende Stern für jede dichterisch beseelte Komödie. Unter seinem feurig sanften Geigenhimmel, der alles Tragische entdunkelt, alles Schwere entschwert, werden auch dem deutschen Lustspiel neue Schwingen wachsen.

*

Wenn man nach dem Genuß einer fetten Gans böse Träume hat, so träumt man nicht von einer Gans sondern von Löwen, Büffeln, Schlangen oder Haifischen. Hier beginnt, menschlicher Vernunft unerklärlich, die höhere Integralrechnung zwischen Gans und Schicksal.

*

Sibi scribere. — Ein Schriftsteller ist ein Mensch, der sich selber schreibt.

Einen guten Schriftsteller muß ein guter Leser nicht nur zwischen den Zeilen, sondern auch zwischen den Büchern lesen.

*

Jedes Manuskript stirbt, bevor es sich in ein Buch verwandelt, und der Schriftsteller sollte sich vor dem Tode fürchten?

*

Von einem österreichischen Würdenträger wurde ein österreichischer Schriftsteller frühestens dreißig Jahre nach seinem Tode gelesen — wenn er's erlebte.

*

Drama ist nicht so sehr Bewegung als Verkettung und zwar s i c h t - b a r e Verkettung.

*

Immer wieder mache ich die Erfahrung, daß es Schriftsteller gibt, die schreiben, aber nicht erzählen können, wie umgekehrt auch solche, die erzählen, aber nicht schreiben können. Offenbar sind das zwei weit aus- einanderliegende Begabungen und die Erzählergabe ist die ursprünglichere.

*

Die Wolken sind die Sorgen der Erde; im Weltall gibt es keine Wolken. Welche Lehre, daß man um die Sorgen zu entwölken, nur in den Äther der reinen Betrachtung sich aufschwingen muß.

*

Das Geringste, was ein Mensch haben kann, ist Glück; das Meiste, was er werden kann: Er selbst.

*

Frauenkenner? Ein richtiger Mann versteht nichts von Frauen, sowie ein richtiger Stier nichts von der Konservenfabrik, in der er einmal enden wird.

*

Kein Tier lacht, sagt Schopenhauer. Und auch im Menschen ist es nicht das Tier, das lacht, sondern der Gott.

Die andere Art, das Leben ernst zu nehmen, besteht darin, daß man darüber lacht.

*

Die Tragödie ist eine Wette mit dem Sittengesetz, die der Held verliert. Die Komödie eine Wette, die das Publikum gewinnt.

*

Humor ist die altruistischeste aller Gaben. Wer ihn hat, der hat ihn nie für sich, immer nur für die anderen.

*

Ein Schriftsteller ist nicht dazu da, um seinen Mitmenschen Gesellschaft zu leisten, als vielmehr, um ihnen die Gesellschaft zu ersetzen.

*

Ich bin nicht zufrieden, aber ich bin mit meiner Unzufriedenheit leidlich zufrieden, sagte der zufriedene Dichter.

*

Eine Frau, sagte der Philosoph, wenn das Telefon geht, glaubt doch immer, es sei der Geliebte, der bei ihr anruft.
Besonders, wenn sie einen hat, warf die Dame ein.
Besonders, wenn sie *keinen* hat, ergänzte der Philosoph.

*

Cromwells Gesicht: Ein Gesicht wie ein Gewitterhimmel und die Augen darin wie Blitze.

*

Es scheint, daß Genußfähigkeit und Liebesfähigkeit zwei Eimer sind, die über e i n e Spule laufen. Wenn bei fortschreitender Verfeinerung des äußeren Lebens die eine steigt, sinkt die andere.
Die beste Gesellschaft ist immer die liebloseste; und darüber fällt am Ende jede nur — und nichts als — aristokratische Herrschaftsform.

*

Auf dem Theater gilt immer nur der äußerste Fall. Darum wirkt grundsätzlich nur das Erhabene und das Ordinäre. Aber das Ordinäre hat die Mehrheit für sich. Das Erhabene kann versagen, das Ordinäre versagt nie.

Aus einem Vortrag über altägyptische Bildwerke: "Er hält sein Leben in der Hand; er ist ein Gott."

*

"Ich hatte mich im Leben verirrt," sagte tiefaufatmend der Mensch, "weil ich mir eingebildet hatte, es gäbe noch einen anderen Ausweg als diesen. Aber es g i b t keinen anderen!" Sagte es — und starb.

*

Es gibt Frauen, für die die Hingabe nichts anderes bedeutet als die Herstellung einer Telefonverbindung: Was man sich zu sagen hat, erfährt man erst später.

*

Die Menschen mißbrauchen beides: die Macht und die Freiheit, und es scheint, daß sie von Zeit zu Zeit sich im Mißbrauch der einen vom Mißbrauch der anderen erholen müssen.

*

Schiller und Goethe. — Bei Goethe heißt es im "Faust": Zwei Seelen *wohnen* ach in meiner Brust. Bei Schiller im "Wallenstein": Zwei Seelen *streiten* sich in meiner Brust. Der ganze Schiller und der ganze Goethe und der ganze Unterschied zwischen Schiller und Goethe, zumal auch ihre Grundverschiedenheit als Dramatiker — genau genommen ist nur Schiller einer — drückt sich in diesen beiden so ähnlichen und so verschiedenen Versen aus.

*

Tiefsinniger Ausspruch: Das Leben wäre zu kompliziert, sagte der Grübler: wenn es so einfach wäre, wie es sein könnte.

*

Die Kunst des Schriftstellers: Das Leben durch Beimischung einer Messerspitze Geist verdaulicher zu machen.

*

Die Rechnung des Marxismus stimmt bis auf eine einzige verschwinden-de Kleinigkeit: daß er das Inkommensurable in Rechnung zu stellen unter-ließ. Hätte er es eingestellt, so hätte es ihm die Rechnung verdorben. Indem er es nicht einstellte, verdarb er diese auf andere Art. Nun stimmt die Rechnung nicht, w e i l sie stimmt.

Zu demselben Thema: Die Demokratie hat alles, nur keine stilbildende Kraft. Das Nützliche kann auch das Collektivum hervorbringen. Das Schöne schafft immer nur der Tyrann. Und auch jeder Künstler ist ein Tyrann und jedes Meisterwerk ein Akt der Diktatur.

*

Die Gesellschaft ist ein von der Mehrheit beglaubigter Egoismus. Wofür sie sich am meisten interessiert, ist immer nur die Gesellschaft.

*

Manche Menschen sind so neugierig, daß sie sogar aus Neugier uralt werden. Man will doch wissen, wie es ist zwischen achtzig und neunzig, was keiner weiß, der es nicht selbst erfahren hat. Übrigens besteht eine tiefe und wohl auch physiologische Beziehung zwischen Neugier und Vitalität.

*

Die Frau ist eine Falle, in der sie selbst der Speck ist.

*

Charakterfestigkeit mit negativem Vorzeichen ist ein Unglück. Wenn ein charakterfester Mann ein Mörder wird, so wird er, eben weil er sich selber treu bleibt, gleich ein Doppelmörder. Das beste Beispiel dafür Oberst Butler im *Wallenstein*.

*

Die Wirkung der großen Kunst ist nicht, daß sie uns *erhebt*, sondern daß sie uns *erhöht*.

*

Konventionell sein heißt, um nicht individuell lügen zu müssen, sich hinter der allgemeinen Verlogenheit verstecken. Es sind das die gewissen guten Manieren, wenn auch noch lange nicht die besten.

*

Was auch den tugendhaften Frauen zeitweise nottut, ist ein Absteigquartier der Seele.

*

Die Idee: eine vorgefaßte Meinung — Gottes.

Das Geld erreicht nur, wer sich nach dem Gelde bückt. Nur für ihn "liegt es auf der Straße."

*

Wagnerisches Leitmotiv: die Hausnummer des Helden.

*

Wir leben in einer dermaßen verdrehten Zeit, daß, wenn ein anständiger Mensch das Selbstverständliche tut, es den Einen ein Verbrechen erscheint und den anderen als ein Wunder.

*

Geschmückte Frauen in einer Gesellschaft: Blumen, die zum Honigkusse laden.

*

Wie volkspsychologisch fein und aufschlußreich der Unterschied zwischen dem deutschen Ehrgeiz und der französischen Ambition, die doch laut Lexikon dasselbe bedeuten. Ambition kommt von ambire — Herumgehen; Ehrgeiz von Geiz — Besitzen und Behaltenwollen. Jene setzt ein körperliches Sichbemühen voraus, dieser ein in sich ruhendes, wenn auch immer trächtiges Sichverhalten.

*

Es gibt auch Leser, die sich darauf beschränken, den Druckfehlern im Leben des Autors nachzuspüren. Das Buch ist ihnen das Wenigste und der Faden der Handlung höchstens ein Strick, den sie dem Verfasser um den Hals legen wollen.

*

Ach Gott, die Wiener! sagte ein Ausländer: die wünschen einander schon in der Früh einen guten Abend.

*

Mit welchem naiven Tiefsinn unterscheidet die volkstümliche Ausdrucksweise zwischen "Mannsbild" und "Frauenzimmer." Ein Mann ist in der Tat ein Bild. Er ist im Wesen immer derselbe, er ist, im Guten wie im Bösen, wie er nun einmal ist. Auch findet man ihn, wie ein Bild, stets an der gleichen Stelle: verblaßt, verstaubt oder nachgedunkelt hält es, bei wechselnder Beleuchtung allenfalls, doch stets den uns bekannten Umriß und Ausdruck fest. Wer es einmal gesehen hat, der kennt es für jetzt und immer. Hingegen ein Frauenzimmer ist tatsächlich ein ganzes Zimmer. Was gibt es da nicht alles zugleich und nebeneinander: ein Bett und einen Schreibtisch, einen Betschemel und einen Kleiderschrank, einen Putztisch und ein Strickzeug, ein Küchenbuch und ein Traumbuch, eine Nähschachtel, den neuesten Roman, einen Thermophor und sehr viele Liebesbriefe. Ferner das Zimmer ist bald aufgeräumt, bald unaufgeräumt und in diesem Falle ebenso widerlich, wie im ersten Fall einladend und verlockend. Schließlich: es hat seine Geheimnisse. Wer kennt ein Zimmer, ein Frauenzimmer? Man mag jedes einzelne Möbelstück aus dem Kopf nachzuzeichnen imstande sein, man mag das Bett beim Umzug selbst zerlegt und das Sofa umgekehrt, vor sich gehabt haben, man mag die Blumen des Teppichs, die Fruchtkörbchen der Tapete und die Lücken im Spitzenvorhang auswendig wissen: man ist doch nie vor überraschenden Entdeckungen sicher. Eines Tags wird man einen Brief finden oder auch ein ganzes Bündel Briefe, von deren Vorhandensein man nie das geringste gewußt hat. Und wo wird man sie finden? Nicht im Schreibtisch, sondern im Wäschespind, von dem sich plötzlich herausstellt, daß es einen doppelten Boden hat...Das Zimmer einer Frau ist sie selbst. Es gehört zu ihr, es ist sie, sie ist, mit allem Um und Auf, ein *"Frauenzimmer."*

*

Dem Tod entgegenreifen! Wie schön drückt die Sprache das Wesen des Alterns damit aus. Aber wie wenige tun, was die Sprache so weise ihnen vorschreibt.

*

Es gibt auch eine Weltgeschichte der Grammatiker. Wir kommen aus dem Zeitalter des Adjektivs, des schmückenden, ästhetisierenden Eigenschaftsworts, und erleben oder erleiden heute die Weltwende des entfesselten, das heißt Hauptwort gewordenen Zeitworts. Seine "Dynamik" ist entschlossen Demjenigen ein Ende zu machen, was man den "Aufruhr der Partikel" nennen könnte, der die Sprache und damit die Menschheit zu Anfang dieses Jahrhunderts allen Ernstes bedrohte.

*

Weib ist das Volk. Ist der Regent ein *Mann.*
So zeigt ihm, was *er* will, auch was sie *kann.*

*

Das Grundproblem aller Literatur: Das Wirkliche mit dem Sittlichen in Einklang zu setzen.

Alle Weisheit war doch immer Überwindung des Instinkts. Und nun sollte auf einmal der Instinkt die Überwindung aller Weisheit sein?

*

Was ist Kultur? Kultur ist Dienst am Menschen.

*

Im dramatischen Dialog kommt es nie darauf an, was über eine Sache gesagt werden *kann*, (und wäre es noch so geistreich) sondern, was über eine Sache gesagt werden *muß*.

*

Befreundet sein ist leicht, aber mit den Freunden seiner Freunde befreundet *bleiben*, da beginnt die Schwierigkeit. Die Freunde unserer Freunde sind unsere Feinde.

*

Talent — die Gabe, aus Etwas Etwas zu machen. Genie — die Gabe, aus Etwas Alles zu machen.

*

Zweimal hört eine Frau mit Lust Unsinn reden: von ihren Kindern, die noch ganz klein sind, und von einem Mann, der in sie verliebt ist.

*

Sogar die Körperteile sind der Mode unterworfen, zumal die der Frauen. Das neunzehnte Jahrhundert war ein Jahrhundert des Busens und der Hüften, das zwanzigste ist eher eines der Nacken und der Beine.

*

Opern und Frauen dürfen nicht zu kompliziert sein, sie fallen sonst durch.

*

Man muß unterscheiden zwischen immanenter Gerechtigkeit und ihrer zeitlichen Verwirklichung oder Nicht-Verwirklichung. Im Leben siegt wohl auch die Ungerechtigkeit; aber die Gerechtigkeit siegt über das Leben.

Um schön im Schritt zu gehen, muß ein Pferd auch galloppieren können. . . . Schönheit ist beherrschte Kraft und . . . . nicht verwirklichte, aber verwirklichbare Möglichkeit.

*

Der Mensch ist, was er ißt. Das heißt, auf das Geistige bezogen: Der Mensch ist, was er liest.

*

Es gibt zwei Arten von Dramatikern: Solche, die dem Publikum sagen, was es hören will, und diejenigen, die ihm sagen, was sie sagen wollen. Wohl; allein es gibt auch noch eine dritte Gattung: Die dem Publikum sagen, was sie sagen wollen, aber in eben dem Augenblick, in dem es, von ihnen vorbereitet, dies hören will. Das sind die Meister, und ihr größter heißt Schiller.

*

Man regiert heute ohne das Volk wie man ohne Pferde fährt — und man fährt sogar viel schneller, könnte ein Fascist sagen, wenn der Fascist überhaupt noch, was er nicht tut, in Gleichnissen redete.

*

Wenn man sich einmal überlebt hat, bleibt einem nur noch eine Hoffnung: daß man's überlebt.

*

Das Unglück der österreichischen Demokratie (vielleicht auch der deutschen) ist, daß sie nie ins Volk gedrungen ist.

*

Die Gesellschaft ist immer auf der einen Seite, und die Menschheit auf der anderen. Sie ist ein Kollektiv-Egoismus und wie jeder Egoismus im Grunde erbarmungslos. Ein Herz hat immer nur das Individuum.

*

Das Leben vergeht auch, wenn wir nicht arbeiten. — Also — arbeiten wir!

*

Der Thronverzicht des Bürgertums, dieses ewige: Unsere Zeit ist vorbei, die Anderen sind die Stärkeren! — ist nicht *er* an aller Herabgekommenheit dieses von sich selbst aufgegebenen Zeitalters schuld?!

*

Der Künstler ist ein erwachsenes Kind, das mit Ideen spielt — zu Zeiten allerdings die einzig zulässige Art, sich mit Ideen zu beschäftigen.

*

Man mag die Sache drehen wie man will: Dichten heißt Gott ins Handwerk pfuschen. Der Dilettant hat keine Ahnung, was er anrichtet, wenn er auf dem Altar sein beklextes Papier ausbreitet.

*

Stoßseufzer über den gesellschaftlichen Hochmut eines Künstlers: Der glaubt auch, was besonderes zu sein, weil er was besonderes ist!

*

Leute, die etwas geleistet haben, sind nicht hochmütig. Nur ihre Kinder sind es. Warum wohl? Nun eben, weil sie nichts geleistet haben!

*

Was ist ein Einfall? Ein Endchen Schnur, in eine salzgesättigte Lösung gehängt, an der sich Kristalle ansetzen. Die Schnur kann man nicht erst spinnen, wenn man den Einfall braucht. Aber die Lösung salzgesättigt erhalten, das kann man.

*

ORA ET LABORA.

Bete und arbeite! Das klingt recht gut.
Nur darf man's nicht auslegen, wie Ihr es tut:
Daß, wer im Beten recht erfahren,
Zu arbeiten sich gänzlich kann ersparen!

*

Man kann sich zusammennehmen, um etwas zu *tun*; man kann sich nicht zusammennehmen, um etwas zu *sein*. Was wir sind, ist in uns gelegt, und wir legen es aus, indem wir *handeln*.

*

Ein kleiner Junge sagt von seiner Gouvernante: Sie steht nur im Zimmer und man muß sie lieb haben! Die schönste Liebeserklärung.

97

Es mag schon sein, daß der Österreicher, der nach dem Westen fährt, aus der Enge in die Weite kommt. Aber die Enge war vielleicht schön und die Weite ist vielleicht leer.

*

"Diese Stadt ist sehr groß und bis an den Rand voll Traurigkeit."
(Rilke über Paris)

*

Der Philosoph ist der Künstler unter den Denkern.

*

Die Welt ist bestechlich, und auch die Frau ist eine Welt — Also wäre sie doppelt bestechlich?

*

HERR KNAX DER MORALIST

Warum er nur so blutig
Und zornig um sich sticht? —
Durch eigenen Fehl ermutigt,
Hält er über andre Gericht!

*

Kunst ist Wirklichkeit plus Talent.

*

Eine junge Frau erzählt von dem moralischen Ehrgeiz ihrer Backfischjahre. Wenn sie ihre schriftliche Arbeit fertig hatte, überließ sie sie der Banknachbarin, damit diese und wer sonst noch wollte ihre Fehler danach berichtigen. Doch sie selbst verbot ihnen, sie auf ihre Fehler aufmerksam zu machen, um nicht in Gefahr zu kommen, eine bessere Note zu "erschwindeln." Frage: Soll man sich wünschen, mit solch einer Frau verheiratet zu sein?

*

EINEM LESER

Was der Geist der Schöpfung schuf,
Bleibt stets unkund dem Gelichter.
Erst das Echo macht den Ruf,
Und der Leser erst den Dichter.

Es gibt Menschen, die sich fortwährend nützlich machen, aber in einem unnützen Kreise, so daß man von ihnen sagen kann, sie seien höchst nützliche Mitglieder einer höchst überflüssigen Gesellschaft.

*

HERR VON BEFLISSEN

Dieser Herr von Beflissen
Ist ein wahres Genie.
Er macht sich immer beliebt
Und er ist es nie!
Willst das Schicksal du versöhnen,
Mußt du Wünschens dich entwöhnen!
Gib den *Lauf*
Lieber auf,
Und betrachte dir das *Ziel* —
Glaub mir, du verlierst nicht viel!

*

Eine schwarze Wiege, die zugleich ein Sarg ist und in der ein Liebespaar sich umschlungen hält: gibt es ein beziehungsreicheres Sinnbild unserer Lebensreihe als die — venezianische Gondel?

*

Demokraten sind Redner. Sind Redner auch Demokraten?
Öffnet der Redner den Mund, springt der Diktator heraus.

*

Die Jahrhunderte, indem sie auf einander folgen, stürzen aus einer Übertreibung in die entgegengesetzte: das neunzehnte, von Goethe abwärts, war erfüllt vom Kampf des Individuums gegen das Kollektivum. Der Vernichtungskrieg des Kollektivums gegen das Individuum beherrscht offensichtlich das zwanzigste.

*

GOETHEJAHR 1932

Deutschland ist ein Problem und seine Lösung heißt Goethe.
Deutschlands bleibt er doch stets menschgewordne Idee.

Auf Nietzsches *"Um*wertung aller Werte" folgte alsbald die *Ent-*wertung aller Werte. Aber damit hatte der Philosoph nichts mehr zu tun. Er sündigte in aller Unschuld — freilich die bedenklichste, weil genußreichste Art zu sündigen.

*

"Spiritus est qui vivificat" — über dieses in seiner Schlichtheit wunderbare Wort des Apostel Paulus müßte ein Dichter eine Predigt halten.

*

Der Emigrant hat immer Unrecht, selbst wo er recht hat. Man muß schon ein Dante sein, um im Exil so groß zu bleiben wie in Florenz.

*

Daß ein großer Kritiker keineswegs auch eine unfehlbare Voraussicht bekunden muß, beweist Lessing mit seiner Prophezeiung, Diderots "Hausvater" werde sich lange, ja *vielleicht immer*, auf der deutschen Bühne halten. Er ist seither nie mehr gegeben worden.

*

Die gute Literatur jeder Zeit ist das Gewissen ihrer Zeit.

*

Man sollte sich immer vor Augen halten, daß Ungeduld das Leben verkürzt, Langmut es verlängert. Ungeduldig sein, nicht warten, es nicht erwarten können, was heißt es letztlich anderes als den Tod nicht erwarten können? Indem wir das Intervall verwünschen, das uns von einem erhofften Ereignis trennt, verwünschen wir recht eigentlich unser Leben. Ach, alles erlebt man immer noch zu früh!

*

Schriftsteller, ich warne dich! Im Hause des Reichen findest du weder Papier noch Tinte!

*

Man muß nur sehen, wie ein Mensch ein Buch in die Hand nimmt, um zu erraten, was der Schriftsteller zu gewärtigen hätte, der sich ihm in die Hand gäbe.

100

SPÄTER TROST

Daß du vergessen, klagtest du.
Jetzt winkt dir wieder manche Hand.
— Ich werde jetzt, ich geb es zu,
Zum *zweitenmale* — *unbekannt*!

*

Was der Wiener "Hof machen" nennt, heißt dem Norddeutschen "Poussieren." Doch welcher Unterschied zwischen diesen beiden auf das gleiche Ziel gerichteten Tätigkeiten. Hofmachen heißt warten und Poussieren, es nicht erwarten können. Es heißt, die Kerze brennend unter die Knospe halten, damit die Blüte rascher sich entwickelt. Hofmachen heißt, sich respektvoll entfernen, um nach ein paar Tagen wiederzukommen und, leise anklopfend, sachte einzutreten und behutsam zu erkunden, ob schon etwas blüht im Zimmer.

*

Biographie eines Sechzigjährigen: Von der Jugend zum alten Eisen geworfen, vom alten Eisen für nicht genug rostig befunden, lebte er dem zunächst noch unausgesprochenen Vorwurf entgegen, nicht rechtzeitig gestorben zu sein.

*

Die Literatur ist eine Kirche, in der es viele Betstühle gibt, aber nur einen Gott.

*

In Österreich wurde immer alles erst bemerkt, wenn's schon vorbei war. Auch — Österreich!

*

Das Theater will alles sein, nur nicht moralisch. Und doch ist die Moral, sein buntes Verflochtensein mit dem Sittengesetz, seine einzige Rechtfertigung, und nicht nur vor Gott!

*

Mechanisierung? Es gibt zum Glück immer noch ein paar Dinge, die der Mensch selber machen muß, und merkwürdigerweise sind es gerade diejenigen, die die Welt zusammen — und in Gang erhalten.

Ausnahmemenschen? Jeder Mensch ist eine Ausnahme, das ist ja gerade das Menschliche an ihm.

*

Wozu wohl die Armee im Frieden dient? fragte ein Pazifist. Und ein Sozialist gab boshaft zur Antwort: Zur Aufrechterhaltung der Unordnung im Inneren! ... Aber solche Leute sollte man überhaupt nicht fragen und — *sie* sollten nicht fragen.

*

Alles ahnen und nichts wissen: die Mitgift der Jugend. Alles wissen und nichts ahnen: der Bankrott des Alters.

*

Ein heiterer Greis sagt: Mit einem Fuß im Grab tanzt sichs am besten.

*

Dichter und Journalist: Der Dichter braucht Zeit. Den Journalisten braucht die Zeit.

*

Es mag im Wesen dieser Zeit liegen, daß der Gebildete sich heute zeitweilig vorkommt wie Einer, der in Chiffernsprache mit abgeschiedenen Klopfgeistern verkehrt wie ein Spiritist beim Tischrücken.

*

Kein Mensch kann über seinen Schatten springen, auch nicht über den Schatten seines Charakters. Aber man kann vielleicht bei Nacht und Nebel oder im Dämmerlicht springen. Die Moral ist oft nur eine Beleuchtungsfrage.

*

Wenn das Leben zu Ende geht, bleibt einem nur noch die Unsterblichkeit.

*

Man kann nicht nur Kinder abtreiben, auch Vorfahren, und unsere Weltdamen verstehen sich neuestens auch darauf.

*

Die Zeitung ist der Sekundenzeiger der Weltgeschichte und ist es auch in dem Sinne, daß sie, wie der Sekundenzeiger, die Stunde nicht zu nennen weiß noch auch zu wissen braucht, die sie tickend erfüllt.

*

Der Gesellschaft ersetzt die Gesellschaft die Literatur. Sie ist die Literatur avant la lettre.

*

Das alte Wien, im alten Österreich gelegen, war die Hauptstadt einer Sommerfrische.

*

Kunst ist wie Religion ein humaner Ausgleich mit dem Tode. Der Gedanke, daß das Modell der Venus von Milo hat sterben müssen, wäre unerträglich, wenn es nicht im Marmor weiterlebte.

*

Ich lese in der Kritik eines unbedeutenden Lustspiels: Das Stück ist ein Lustspiel, weil es die Leute lachen macht. Das ist ungefähr so, als ob Einer sagte, das muß ein guter Wein sein, weil ein paar Leute davon besoffen sind. Einen Rausch erzeugt unter Umständen auch der schlechteste Wein. Aber die *Nachwirkung* ist eine andere und ist auch verschieden bei einem gepantschten Lustspiel, dessen erlogene Fuseleffekte den Kopf betäuben statt ihn aufzuschließen.

*

Es wäre das Natürlichste, daß man im Alter sein Leben Stück für Stück aus dem Diesseits ins Jenseits überträgt, so daß man zum Schlusse nur noch, bei vorausgesandtem Gepäck, in den Mantel seines Sarges zu schlüpfen braucht, um die Reise anzutreten.

*

Um sich zu wundern, muß man Phantasie haben. Darum wundert sich der Philister über nichts und niemand. Ihm ist alles selbstverständlich.

*

Juden und Christen

Wenn es Christen zuweilen widerfährt, daß sie im Bett *beten*, so den Juden nicht minder häufig, daß sie im Bett *rechnen*. Es ist ihre Art zu beten.

Der Jude kann das Zeitwort nicht erwarten; der Deutsche wartet immer auf das Zeitwort. Der eine sagt: Ich habe die Schale heruntergenommen von dem Gestell, auf dem sie steht für gewöhnlich. Der andere: Ich habe die Schale von dem Gestell, auf dem sie für gewöhnlich steht, heruntergenommen.

*

Das Geheimnis der Kunst ist das Geheimnis des Meanders. Eine Zickzacklinie gibt es auch in der Natur, aber erst der Künstler macht ein Ornament daraus.

*

Man erzählt mir von einem Gummiwaren-Fabrikanten, der, als der Krieg ausbrach, sich in einen Marmorfabrikanten verwandelte. Ein handgreifliches Beispiel dafür, daß der Krieg hart macht, wenn schon nicht den Charakter, so zumindest die Ware.

*

Zitate sind falsche Zähne. Darum führen sie die zahnlosen alten Leute auch so gern im Munde.

*

Einem Geizhals träumte, er habe zuviel Trinkgeld gegeben und er erwachte mit einem Schrei, den man im ganzen Haus hörte.

*

Menschliche Komödie.

Ich sah einmal in einer schönen Frühlingsnacht, an einer Bank vorübergehend, einen Taubstummen, der seinem Mädchen eine feurige Liebeserklärung machte. Es wirkte rührend lächerlich, doch nicht auf das Mädchen, das ganz ernst seiner Zeichensprache lauschte.

*

Es gibt Männer, die es in der Liebe immer nur bis zur Freundschaft, und Frauen, die es in der Freundschaft mit Männern immer nur bis zu einem Verhältnis bringen.

*

Zivilisation und Kultur: Zivilisation ist, wie einer ißt, wenn man ihm zusieht; Kultur, wie er ißt, wenn ihm niemand zusieht.

104

Nichts lächerlicheres auf der Welt als ein Teufel, der es zu nichts bringt. Dazu genügte es, sollte man meinen, ein Gott zu sein.

*

Es gibt Bakterien (Daphniden, Copepoden), die in ihrer Anpassungsfähigkeit an die Umwelt soweit gehen, daß sie je nach dem Witterungscharakter sogar ihr Geschlecht verändern. Es gibt auch Daphniden unter den Männern und Copepoden unter den Weibern. Du willst wissen, woran du mit ihnen bist? Studiere den Wetter-Bericht!

*

Das Reisetagebuch eines Philosophen: Eine Tasse Tee ist eine Tasse Tee. Aber hundert Tassen Tee, tausend Tassen Tee sind am Ende doch nur sehr viel warmes Wasser.

*

Der Stil, das sind nicht so sehr die Worte, als vielmehr der Standpunkt, von dem aus man die Worte wählt.

*

Jemandem Einfluß zugestehen, ist die feinste Art, ihn von sich abhängig zu machen.

*

Don Juan und Casanova. — In den Erinnerungen des Casanova gibt es eine Stelle, wo er, neben einer Frau im Bette liegend, der er nichts mehr zu sagen hat, die Wendung gebraucht: Ich drehte ihr den Rücken und schlief. Das ist vielleicht der tiefste Unterschied zwischen Don Juan und Casanova. Don Juan hätte sich im gleichen Falle aufs Pferd geschwungen oder in ein anderes Bett gelegt. Don Juan ist für getrennte Schlafzimmer.

*

Ein Stück nennt man etwas, das weit weniger wäre als ein Stück, wenn es nicht noch etwas mehr wäre, nämlich ein Ganzes.

*

Ob die Toten, wenn sie lächeln, es auch *ernst* meinen? Wer beantwortet uns diese Frage?

Daß die Zeit so schnell verfließt,
Seufzst du auf dem Feste.
Freund, daß alles endlich ist —
Freundchen! — ist das Beste!

*

Der Grad der Gerechtigkeit, dessen ein Mensch unter der Voraussetzung, daß alle Gesetze aufgehoben wären, immer noch fähig bliebe, bestimmt den Feingehalt seines Charakters.

*

Im Umgang mit dem Aphorisma ist äußerste Vorsicht geboten. Denn es kann auch scharf geladen sein, und dann durchschlägt es selbst faustdicke Lügenpanzer.

*

In jedem gelungenen Aphorisma steckt ein unterbliebenes Lustspiel. So beruht auch auf dem, was sie verhindert, die hohe literarische Bedeutung dieser Gattung.

*

Wenn ein Buch und sein Autor einen ganz verschiedenen Eindruck machen, so lügt der Autor und das Buch spricht wahr. Jeder wahre Schriftsteller ist, wie er schreibt, und nicht wie er ist.

*

Eine leichte Frau ist eine Frau, die sich wählen läßt, dabei aber auch selbst wählt und zwar am liebsten Männer, die sie noch nicht gewählt haben, auf welchem Wege sie dann natürlich leicht leicht wird.

*

Is Bäumke grot,
Is Mänke dot.
(Niederdeutscher Bauernspruch)

*

Spazierengehen ist oft die beste Art, vor sich selbst davonzulaufen.

*

Ein Dichter kann sich dadurch, daß er als Person bekannt wird, nur schaden. Denn entweder er bleibt hinter seinem Werk zurück, dann schädigt er dieses; oder er macht als Mensch den besseren Eindruck, dann begnügt man sich gerne mit ihm und überschlägt das Werk, so daß er, einmal auf diesen Abweg geraten, in dem Maße unbekannter wird als er bekannter wird. Schließlich kennt ihn niemand mehr, weil ihn alle kennen.

*

Es gibt tausend Arten der Korruption, aber nur eine einzige Art anständig zu sein, wodurch allein schon die Anständigkeit der Korruption gegenüber jederzeit im Nachteil ist.

*

Der Charakter ist der Federhalter, das Talent nur die Feder. Ohne Federhalter kann man nicht schreiben. Weshalb denn auch soviele hervorragende Journalisten — diktieren.

*

Vom Kommunismus zum Kapitalismus gibt es einen vielgegangenen natürlichen Übergang. Der Kommunist will für alle allen das Geld wegnehmen; dies solang bis er sich eines Tages, der Einfachheit halber, begnügt, es ihnen nur für sich allein wegzunehmen. Und siehe da, schon ist der Kapitalist fertig.

*

Es gibt auch Ehemänner, die ihr Geweih im Knopfloch tragen — statt einer Blume.

*

Charakterzug. — Ein dreijähriger Knabe erhält zu Weihnachten einen Steinbaukasten. Um ihm die Verwendung klar zu machen, hat man aus den einzelnen Steinen ein kleines Gebäude errichtet, das unter dem Lichterbaum zwischen den anderen Geschenken steht. Der kleine Knabe sieht es und wirft es mit den Worten über den Haufen: "Ich laß mir vom Christkindl kein fertiges Haus hinstellen." Das hätte ich auch sagen können — aber nur bis Sechzig.

*

"Und dies Geschlecht ist stark erst, wenn es schwach," sagt Grillparzer von den Frauen. Umgekehrt kann die Frau vom Manne sagen: Und dies Geschlecht ist schwach erst, wenn es stark!

107

Was ist ein guter Einfall? Eine gangbare Brücke zwischen zwei Welten.

*

Was ich an den englischen Erzählern am meisten bewundere, das ist die Kunst, wie sie mit dem Feuer eines einzigen Kusses, der nicht geküßt wird, einen ganzen Roman beheizen. Sie sind wahre Sparmeister der Erotik.

*

Kein Mann hat in gewissem Sinne weniger von den Frauen als Casanova. Er hat eigentlich nichts von ihnen, als daß er sie hat. Don Juan hat mehr: er hat ihr Leben. Aber das ist zuviel, wie das andere zu wenig ist.

*

Die Frauen, die einen Mann in sich verliebt zu machen verstehen, gleichen den Autoren, die einen guten ersten Lustspielakt zu schreiben imstande sind. Die Frauen, die einen Mann, der in sie verliebt ist, auch festzuhalten wissen, denjenigen, die einen guten dritten Akt zu bauen verstehen. Deren gibt es nur wenige, auch unter den vielen, die Talent für erste Akte haben. Und doch kommt es nur darauf an — beim Theater wie in der Liebe.

*

Casanova und Don Juan. — Casanova wird Casanova aus Genügsamkeit — ihm gefällt jede — Don Juan wird Don Juan aus Ungenügsamkeit — ihm gefällt keine —. Das ist der Unterschied, und es kann keinen größeren geben.

*

Manche Menschen sind dermaßen verlogen, daß sie sogar mit sich selbst nur hinter ihrem eigenen Rücken verkehren.

*

Die Meinung der Gesellschaft über uns ist unerbittlich, denn sie wird von unseren Freunden gemacht.

*

Das, was man gemeinhin Gegenliebe nennt, ist meist nur das Spiegelbild einer Flamme.

*

Über seine Freunde zu klagen hat gar keinen Sinn, denn unsere Freunde, das sind immer auch ein bischen wir selbst.

108

Im Frauenmann lieben die Frauen sich selbst *und* einen Mann.

*

Die Männer, die alle Frauen glücklich machen wollen, müssen sich schließlich mit dem Ergebnis begnügen, ein paar unglücklich gemacht zu haben. Und zuweilen gelingt ihnen nicht einmal das.

*

Vom Standpunkt der Frau lassen sich die Ehemänner in zwei Gruppen teilen: solche, denen man ihre Freiheit lassen muß und solche, denen man sie gerne ließe.

*

Elegant ist nur das Erlesene, das zur Gelegenheit paßt. Nichts uneleganter als ein Frack zum Nachthemd oder eine hochtrabende Wendung, wo ein einfaches, warmes Wort am Platze wäre.

*

Was das Glück der anderen betrifft, so sind die meisten Menschen von einer geradezu evangelischen Anspruchslosigkeit: Ein Nichts genügt ihnen.

*

Don Juan ist ein Narr. Casanova "wird doch kein Narr sein."

*

Ehegatten mögen noch so viel lügen. Die Ehe selbst ist immer aufrichtig.

*

Plaudern heißt: nicht zur Sache sprechen. *Gut* plaudern vielleicht auch, zur Sache sprechen, indem man *scheinbar* nicht zur Sache spricht.

*

Man muß unterscheiden zwischen den Frauen, die lieben, die geliebt sein, und solchen, die nur ein Verhältnis haben wollen. Das Ergebnis ist gewöhnlich ganz das gleiche und doch sind diese drei Frauen himmelweit von einander verschieden.

*

Die Hemmungen machen den Menschen von Erziehung, und was sich bei aller Erziehung nicht hemmen läßt, macht die Persönlichkeit.

109

Eine kluge Frau findet es im Tiefsten nur allzubegreiflich, daß ein Mann eine Frau verläßt. Aber wenn sie selbst in diesem Falle ist, wehrt sie sich dagegen wie eine dumme.

*

Jeder Mensch ist verpflichtet, dem anderen zu helfen, aber kein Mensch ist berechtigt, den anderen zu benützen.

*

Eine Kunst ohne Stofflichkeit ist wie eine Liebe ohne Sinnlichkeit.

*

Ein alter Freibeuter der Liebe sagt: Illegitime Verhältnisse machen auf die Dauer nicht glücklich. Das ist das Einzige, was sie mit den legitimen gemeinhaben.

*

Wer den Charakter und das Schicksal eines Menschen kennt, erkennt Gott.

*

Die Natur ist nicht gerecht, nur die Geschichte ist gerecht. Woraus hervorgeht, daß die Geschichte eben doch nicht nur Naturgeschichte sein kann, wie die Materialisten glauben machen wollen.

*

Der Schlaf ist unsere Konduiteliste vor Gott. Was dem Gesetz sich entzieht, versetzt Schlaflosigkeit in Anklagezustand.

*

Es gibt fragmentarische Männer, die erst das Zusammensein mit Frauen komplett macht. Das sind diejenigen, mit denen sie am liebsten beisammen sind.

*

Die Liebe ist der Sonntagsstaat der Charaktere. Am Montag sehen sie alle wieder ganz anders aus.

*

Alles Wirkliche ist notwendig. Wer auch anders kann, kann gar nicht.

Aus Wein kann immer noch Essig werden, aber aus Essig wird nie mehr Wein.

*

Der Bürger denkt immer nur an seinen vollen Bauch. Das ist das Ideal, das ihm ständig vorschwebt.

*

Man darf nicht glauben, daß ein charakterloser Mann darauf verzichtet, einen Charakter zu haben. Im Gegenteil besteht er darauf, gleichzeitig zwei Charaktere zu haben; und darum eben hat er keinen.

*

Dasselbe noch einmal!

Herr Windig, meinst du, hätt keinen Charakter!
Und doch wär er charaktervoll, so sagst du, sagt er.
Hiermit hat Windig recht, stets einen
Zweiten Charakter hat er nebst dem seinen,
Und eben weil er *zwei* hat, hat er *keinen* ...

*

Mit dem Theater geht es wie mit den Frauen: Wer sie kennt, liebt sie nicht immer. Aber nur wer sie liebt, lernt sie kennen.

*

Frauen haben ihre eigene Wertskala: Sie sind immer nur Dasjenige wert, um was man sie überzahlt. Aber wieviel ist das manchmal!

*

Einem Schwärmer für die Liebenswürdigkeit der Wiener
Gesellschaft.

Laß dich doch nicht verführen
Von dem bischen Bratenduft!
Zwar findest du offene Türen,
Aber dahinter nur Luft.

*

Es ist auffallend, daß die taktvollsten Menschen häufig zugleich die verlogensten sind. Takt zu haben ist vielleicht so schwer nicht, aber ihn mit Aufrichtigkeit verbinden, hier beginnt die große Schwierigkeit.

Bücher sind stumme Schönheiten, denen erst die Liebe eines Lesers die Lippen löst.

*

Gewisse moralische Mängel verschanzen sich gerne hinter körperlichen Unzulänglichkeiten, die sie, indem sie sie vorschützen, nach und nach hervorrufen. So erkläre ich es mir, daß hochmütige Menschen mit der Zeit kurzsichtig werden und die Herrschsüchtigen taub. Jene übersehen und diese überhören den Mitmenschen.

*

Die Musik ist ein einsamer Zaubergarten, an dessen anderem Ende Gott wohnt.

*

Dramaturgie: Wenn das Publikum im Theater hustet, ist der Autor schwach auf der Brust.

*

In der Sprache eines Menschen lebt seine Vergangenheit, seine Abstammung, sein ganzes gewesenes Dasein und bisher verwirklichtes Schicksal. Seine Mutter lebt darin, der Vater, die Lehrer, die Geliebte; seine guten und seine bösen Stunden sind in ihr aufbewahrt; seine edlen Wallungen und Gemeinheiten; seine Entzückungen und Bedrückungen; der Beruf seines Erzeugers, die Not des Ahnherrn und auch das letzte Buch, das er vor einer Minute aus der Hand gelegt haben mag, und das auf ihn Eindruck machte; alles behielt und behält die Sprache. Daher die berechtigte Ehrfurcht des Wissenden vor dem guten Stil. Es ist der Adelsbrief, den Jeder sich selber schreiben kann — vorausgesetzt daß er — schreiben kann. Ich soll dir sagen, wer du bist? Sprich, das heißt: Schreibe! Erprobe die menschlichste aller menschlichen Fähigkeiten, durch die allein der Mensch vom Tier sich unterscheidet und mit Gott verständigt: Die Sprache.

*

Träume sind meuternde Gedanken, die sich gegen ihren Vorgesetzten — den Verstand — empört haben und nun auf eigene Faust im fremden Lande plündern gehen.

*

Ein Spiegel, der ein Licht spiegelt, ist *auch* ein Licht.

112

Frauen sind merkwürdige Lebewesen! Sie nähren sich von Unterhaltungen und sie verlieren den Appetit, wenn man ihnen beim Essen nicht den Hof macht.

*

Man nehme einen Idealisten und mische ihm etwas mehr Wirklichkeitssinn bei, als sein Idealismus vertragen kann, so entsteht unfehlbar ein Satiriker. Gerade der klassische Vertreter dieser Gattung z. B. Juvenal, ist nichts anderes als ein Pathetiker mit umgekehrten Vorzeichen. Die Freude, mit der er das Niederträchtige darstellt, ist eine erlaubte Schadenfreude.

*

Lob der Kritik

Nur die Kritik erhält das Werk in Fluß,
Was wäre ohne sie der Genius?
Das Maß sind w i r. Die Mittelmäßigkeit,
Sie käme ohne uns nicht weiter oder weit.
Und ohne Tadel, der sich äußern darf,
Bliebe kein Türschild blank, kein Messer scharf.
Die "Krittler," wagt Ihr sie auch zu verdammen,
Halten am Ende doch die Welt zusammen,
Wenn die Getroffnen auch erzürnt darob.
Darum beding ich mir als höchstes Lob,
Daß einstmals sei auf meinem Stein zu lesen:
Dem ist im Leben *viel* nicht recht gewesen!

*

Warum parfümieren sich die Frauen? Um besser zu riechen? Um das eigene Geruchsorgan zu liebkosen? Um die Männer anzulocken, wie die Blumen die Bienen? — Ich glaube, sie tun es hauptsächlich, um auf sich aufmerksam zu machen. Der Parfum einer Frau ist ein Herold, der vor ihr auftritt, seine Herrin anmeldend, oder ein Bedienter, der hinter ihr hertrabt, vor allem aber ein Bote, ein Liebesbote. "Ich komme," verkündet er, "Ich bin schon da!" und, mit besonderer Vorliebe: "Ich *war* da!" ... Die Frauen träufeln das duftende Naß auf ihr Taschentuch aus dem gleichen Grund, aus dem die ägyptischen Pharaonen Pyramiden bauten: Um der Vergänglichkeit zu entrinnen. Wenn sie Abschied genommen haben, wollen sie wenigstens noch eine Weile in der Luft stehen bleiben. Der Mann begreift das und —

— Und macht das Fenster auf.

Liszt und Wagner: Eine Fontäne und ein Wasserfall.

*

Es gibt Menschen, die so selbstgefällig sind, daß sie sich auch noch in ihrem Schatten sonnen wollen.

*

Du wirst nicht sterben, weil du krank bist, sondern weil du lebst... sagt Seneca. Schön gesagt! Aber er selbst starb doch nur, weil er bei Nero in Ungnade fiel... weil Nero ihn nicht leben ließ. Der Tyrann und der Philosoph sind Feinde.

*

Wenn man dasjenige, was für die Republik und für die Monarchie spricht, gegeneinander abwägt, so muß man auch aus dem Grunde der Republik den Vorzug geben, weil die republikanische Staatsform zwar nicht die Entfaltung königlicher Gaben hindert, wenn ein königlicher Mensch wie zum Beispiel Perikles, an ihre Spitze tritt, wohl aber umgekehrt die Monarchie die Entfaltung republikanischer Begabungen. Man kann sagen: die Republik verhindert die Monarchie nicht, wohl aber verhindert die Monarchie die Republik. — Ein grundsätzlicher Gegner der Republiken freilich wird vielleicht gerade aus diesen Erwägungen einen weiteren Beweis für die Nützlichkeit der monarchischen Form des Gemeinwesens ableiten wollen. Wenn die höchste Blüte der Republik, wird er sagen, die Monarchie ist — siehe Perikles — wozu sich dann mit dem unfertigen Zwischenstadium begnügen?

*

Tanz-Erotik zwischen 1900 und 1920: Beim Walzer gab sich die Tänzerin hin, beim Tango gab sie sich her.

*

Entwicklungen sind immer nur um den Preis von Enttäuschungen zu haben. Folglich gibt es auch heilsame Enttäuschungen, es sind diejenigen, vor denen sich die Menschen am meisten fürchten.

*

Vier Verse

Gerade zielt der Blick, und schwirrt der Pfeil;
Das Licht, der Fall, des Falken Stoß ist grade.
Nichts Ehrliches geht krumm, die Schlange nur,
Und das Gewundene macht sie verdächtig...

Arme Leute dulden: reiche jammern.

*

Der Unkäufliche steht bald allein am Markt und niemand kauft bei ihm. Verkaufen heißt vor allem auch sich selbst verkaufen.

*

Der bankrotte Kaufmann spricht:

Wer schimpft, der kauft! — ein Trost, ich weiß,
Doch macht der schwache Trost mich ungeduldig.
"Wer schimpft, der kauft" — zum halben Preis!
Und bleibt die Rechnung schuldig.

*

In Berlin kommt man sehr rasch vorwärts. Aber, da die Stadt ungeheuer groß ist, bemerkt man nach einer Weile, daß man dabei immer noch in Berlin ist.

*

Ein Professor, der so zerstreut ist, daß er erst wenn er sich seufzen *hört*, merkt, daß er Sorgen hat.

*

Ein alternder Journalist, der das Metier kennt, hat nur noch die Wahl, korrupt zu werden oder einsam. Es gibt auch solche, die die Einsamkeit vorziehen.

*

Ehe ist was von ihr übrigbleibt: Ehe ist das liebe alte Gesicht einer Leidenschaft, die einmal jung und schön war.

*

Dichtung ist chemische Umwandlung von Lebenselementen.

*

Die andere Seite der Macht ist die Einsamkeit. Wer nicht allein zu bleiben vermag, wird bald entmachtet.

Der beliebte Kritiker

Was mag nur sein Geheimnis sein,
Daß alle ihn erheben?
— Er gräbt lebendige Dichter ein
Und läßt die Toten leben.

*

Die Frau ist der Probierstein des Mannes. An ihr erweist sich, was er ist und nicht ist.

*

Die Gesellschaft beglaubigt immer nur den angenehmen und manierlichen Durchschnitt. Sie kann es im Grunde ebensowenig fassen, daß jemand, den sie näher kennt, ein Dichter, wie daß er ein Mörder sei — wiewohl sie das zweite immer noch für möglicher hält als das erste.

*

Das Gegenteil von dem, was man in der Gesellschaft für das Richtige hält, ist das *Wahre*.

*

"Wer es liebt, dem ist's geschrieben." (Widmung in ein Buch)

*

Der Irrtum aller Revolutionen: Freiheit ist nicht Ungebundenheit, sondern Selbstgebundenheit.

*

Eitle Menschen können witzig sein; aber wer selbstgefällig ist, hat niemals Humor. Denn Humor ist unter anderm auch die große Kunst sich selbst klein zu sehen.

*

Wenn man sehr reich ist und glänzende Feste in seinem Hause veranstalten kann, bringt man es mit der Zeit sogar dahin, daß die Leute, die einen nicht ausstehen können, zähneknirschend zu einem kommen. Was, da wir alle Reichen es heftig anstreben sehen, augenscheinlich der Gipfel irdischer Glückseligkeit ist.

*

Wenn man von Charakter spricht, so meint man das *Gerüst* eines

Charakters. Die Weichteile sind ihrer Natur nach veränderlich. Ein Charakter kann auch einen Bauch ansetzen. Aber ein hoher Wuchs verleugnet sich nie.

*

Wie es ein Geheimnis der Liebenswürdigkeit gibt, so kann man auch von einem Geheimnis der Unliebenswürdigkeit sprechen, das nur Auserlesene besitzen. Sie verstehen es, unter allen Umständen immer nur von Gegenständen zu reden, die uns unangenehm sind, zum Beispiel, von sich selbst.

*

Auch Künstler sind nur Menschen. Aber sie sind Menschen, die uns doch wenigstens hin und wieder vergessen lassen, daß sie — nur Menschen sind.

*

Jede Wahrheit ist nur einen Augenblick lang wahr und in diesem Augenblick erhascht sie das Aphorisma. Um ein Problem geistig zu bewältigen, bedarf es entweder eines mehrbändigen Romans, oder eines blitzschnellen Aperçus; aber unter diesen beiden Möglichkeiten ist das Aperçu die verantwortungsvollere.

*

Wer von einem Künstler sagt, er sei "intelligent," der will ihn entweder beleidigen oder er beleidigt ihn.

*

Wenn man etwas *ist*, darf man es nicht auch noch zu etwas bringen wollen, denn weiter als etwas zu sein, kann es ein Mensch überhaupt nicht bringen.

*

Die Gabe eines großen Publizisten besteht vor allem darin, etwas *taktvoll* zu sagen, was zu sagen an sich *taktlos* ist.

✻

Das puritanische Ibsen-Theater mit seinen wollenen Schleiern und gestrickten Symbolen. Welch eine kleinbürgerliche Welt von 1890! Seine Nora trägt drei gestärkte Unterröcke und sogar sein Baumeister Solness, vom guten Doktor Stockmann nicht zu reden, hat einen Spucknapf im Zimmer und einen Stiefelknecht im Nachtkästchen.

*

Der Individualist ist bei Lebzeiten allein, der Kollektivist erst nach seinem Tode.

*

In der Gesellschaft gibt es gute und "bessere Leute." Die Besseren sind etwas weniger gut.

*

Leben heißt begraben: sterben begraben werden. Zwischen diesen beiden Möglichkeiten, sich mit der Erde auseinander zu setzen oder in der Erde zu zersetzen, pendelt das irdische Dasein.

*

Wie unsere Freunde, zumal die sogenannten, über uns denken, erfahren wir nie von ihnen selbst. Wohl aber lassen sich aus dem Verhalten ihrer Kinder, besonders der noch halbwüchsigen, uns gegenüber einigermaßen sichere Schlüsse ziehen. Die Kinder wissen es besser, und — lassen merken, was sie wissen.

*

Die Gesellschaft bringt das Verdienst in eine Form und zwar so lange und mit solcher Beharrlichkeit, bis schließlich das Verdienst schwindet und nur noch die Form bleibt.

*

Es ist ganz gut, daß man in Gesellschaft manchmal etwas Musik macht. In einem Quartett von Mozart etwa bewundert sie eine Viertelstunde lang die Zartheit, mit der jede Note auf jede Note Rücksicht nimmt. Welch eine Lektion. Aber nur mit einer Geige darf man sie erteilen.

*

Ein Schriftsteller in großer Gesellschaft ist immer entweder ein Zitat oder ein Druckfehler.

*

Für Künstler besteht die Kunst in Gesellschaft zu gehen vor allem in der Kunst, aus einer Gesellschaft zu verschwinden.

118

In die schlechte Gesellschaft geht man, in die gute kommt man. Vor der besten aber muß sich, wer unabhängig, und vor allem wer fruchtbar bleiben will, am allersorgfältigsten hüten. Denn auch auf den Höhen der Gesellschaft wächst kein Gras mehr. Es sind allerhöchstens nur noch allerhöchste Aussichtspunkte.

*

X besitzt das wahre Geheimnis der Langweile: er ist langweilig nicht so sehr durch das, *was* er als *wie* er es sagt. Die Beobachtung oder das Ereignis gibt es gar nicht, die in seinem Mund nicht fade schmeckten.

*

Nur Leute, die jahrelang in der Gesellschaft gelebt haben, wissen, wie wenig jemand, der nicht in der Gesellschaft lebt, an ihr verliert. Indessen für die gute Gesellschaft spricht immerhin, daß, wer jemals in ihr zuhause war, die schlechte nicht mehr verträgt. Es gibt in diesem Punkte kein Zurück, nur noch ein Vorwärts in die Einsamkeit.

*

Beim Zeitungslesen: Wenn Einer nichts zu sagen hat, so sagt er es metaphorisch. Und wenn er sichs nicht vorstellen kann: Ihr könnt Euch vorstellen!

*

Das Zitat ist die einwandfreieste Form des literarischen Diebstahls. Darum begegnet man ihm auch verhältnismäßig selten im Munde der Strauchritter des Geistes. Sie stecken ein, was sie finden und zitieren ohne Anführungszeichen. Wobei sie im ersten Falle sogar zitieren: Ein großer Schriftsteller nimmt sein Gut wo er es findet. Das mag schon sein — aber nicht in fremden Brieftaschen!

*

Es ist ein Irrtum zu glauben, daß Don Juan mehr Mann ist als die Durchschnittsmänner. Im Gegenteil, er ist es etwas weniger und gerade darum wurde er Don Juan. Die Frau wird ihm gefährlich, die Frau in ihm selbst nämlich, die sich gegen ihre Geschlechtsgenossinnen mit ihm verbündet.

*

Don Juan hat keine Gewohnheiten; denn Gewohnheiten sind schon eine Art von Treue... Don Juan gewöhnt sich dreimal täglich das Rauchen ab; und raucht dabei.

*

Das Wiener Prinzip: Das Schlechte muß man unterstützen, das Gute geht von selbst zugrund.

*

Die großen Menschen mißt man, wie die großen Schiffe an ihrem Tiefgang.

*

Der genesende Philosoph

Was hilfts, daß diesmal du entflohn
Dem tödlichen Verderben?
Im Leben kommt man nur davon,
Um schließlich doch zu sterben.

*

Das Talent ist das Agio einer Begabung.

*

Ein Sieg des Geistes über die dumpfe, trübe Materie; der Widerschein des Himmels im Menschengesicht: das *Lächeln*.

*

Meine Frau macht im Gespräch eine hübsche Bemerkung: daß auch eine Uhr, die steht, einmal im Tage die richtige Zeit anzeigt. So gibt es auch stehengebliebene Weise, ja sogar Propheten eines einzigen flüchtigen Augenblicks.

*

Es gibt redselige und einsilbige Dichter. Die redseligen erzählen uns von ihren Werken, die einsilbigen erwarten von uns, daß wir sie davon unterhalten... Bequeme Leute ziehen die redseligen vor: es kostet etwas weniger Anstrengung, sie zu bewundern.

*

Sich auf eine Sache verstehen und sie machen können, ist zweierlei.

James Watt wäre vielleicht ein höchst mittelmäßiger Lokomotivführer geworden. Aber er hat immerhin die Dampfmaschine erfunden.

*

Die Liebe ist blind, der Haß macht blind, und der Gerechtigkeit werden die Augen verbunden: Was also ist sehend auf Erden? Sicher die Bosheit, vielleicht die — Güte.

*

Erlauschtes von einem Wohltätigkeitskomitee:
Frau A. (entrüstet) Sogar die Hofrätin X, deren Töchter Kokotten sind, sitzt im Komitee!
Frau B. (milde) Und die Töchter nicht?

*

Kultur haben heißt eine Währung haben, mit der man ein für allemal seine Rechnungen mit dem Leben begleicht.

*

Manche Menschen sind derart verlogen, daß man es ihnen sofort ansieht, wenn sie ausnahmsweise einmal die Wahrheit sagen. Sie werden auch regelmäßig rot dabei.

*

Der Boshafte ist, als Gesellschaftsfigur, das Gegenspiel der Koketten. *Ihre* Wirkungen gründen sich darauf, daß jeder sich einbildet, sie sei ausschließlich nur mit ihm kokett; die *seinen* darauf, daß jeder meint, er beziehe nur die anderen in den Kreis seiner Bosheit. Man muß sehr jung, sehr unerfahren oder sehr eitel sein, um das zu glauben. Und nur für Jene, die es glauben, sind die Koketten verführerisch und die Boshaften amüsant.

*

Der Dichter sagt: Das Leben spielt auf mir Klavier — kann ich dafür, daß es manchmal falsch spielt?

*

Dichterische Anschauung ist die Gabe, aber auch die Kunst, das Leben im Gleichnis zu erblicken.

Es gibt Menschen, die so gerne über sich sprechen, daß sie zeitweise sogar über sich schimpfen, nur, um beim Thema bleiben zu können. Aber man darf sich durch ihre maßlose Selbstkritik nicht täuschen lassen: sie meinen es nicht so böse.

*

In der Praterkapelle, einer aus Bäumen gebildeten, mit Votivbildern behängten, von ewigen Lichtern durchfunkelten Lichtung in der Au, las ich einmal im Vorübergehen unter einem Muttergottesbild den folgenden seither verschwundenen Vers:

> Der Jungfrau voller Gnaden
> Man bringe sein Gebet,
> Ob Christ, ob Jud, ob Heide,
> Der *"wass"* vorübergeht.

*

Die deutsche ist recht eigentlich eine kritische Nation. Auch ihre Religion ist ja eine kritische, der Protestantismus, der aus einer kritischen Auflehnung gegen einen falsch überlieferten, mit den Jahrhunderten immer falscher gewordenen Bibeltext entstanden ist. — Der Deutsche urteilt nüchtern und tadelt gern. Ein unbestechlicher Richter, zollt er Lob nur wem Lob gebührt und nicht mehr, als einem, nach Abstrich alles Tadels zukommt. Darum ist auch der Ausdruck seiner höchsten Anerkennung ein Negativum, nämlich das zumal in Norddeutschland so beliebte "tadellos." Weiter als bis zu diesem Lobeswort, das freilich kein Liebeswort ist, kann es in seinen Augen ein Mensch oder eine Sache überhaupt nicht bringen.

*

Wer einen Ehebruch halbwegs gewissenhaft erzählen will, muß mit der Trauung anfangen.

*

Man sagt von jemand, daß er Talent hat und meint damit, er habe *Anfälle* von Talent. Kein Talent hat immer Talent und nur die Talentlosigkeit hat sich immer.

*

Kuriose Verhältnisse: A. liebt *eine* Frau in *allen* Frauen, B. *alle* Frauen in *einer* Frau. Aber diese Eine ist bei B. die Frau eines anderen.... Gleicht er nicht einem Manne, der in einer Bibliothek haust und sich vom Nach-

barn einen mittelmäßigen Roman ausleiht, den er nicht mehr zurück-
gibt?

*

Ein Sammler, der alte Theaterkarten sammelt — was wird nicht ge-
sammelt? — freute sich diebisch, weil es ihm gelungen war, nach wochen-
langer Bemühung, sich einen Eckplatz zu verschaffen zu einer Vorstellung,
die vor hundert Jahren in dem ehrwürdigsten Theater der Stadt statt-
gefunden hat. Und denken Sie nur, ruft er einen verständnisvollen Freund
an: Ich habe nachgeschaut, *Anschütz* spielt den Bischof! — Ist das nun
ein Snob oder ein Narr oder beides?

*

Im Schlafe wie im Tode kehren die Züge des menschlichen Gesichts,
vom Erdenleid entbunden, gleichsam zu sich selbst zurück. Aber wie
merkwürdig: während sie sich auf diesem Wege im Schlafe *verraten*,
verklären sie sich im Tode. Jener gibt das vielfach korrigierte Konzept,
dieser die Reinschrift eines Menschenlebens. Allein es kommt noch etwas
dazu, was über allen Worten ist und alle seine Stummheit in den Himmel
hebt...: Der Schlaf schmeichelt einem Gesichte selten, der Tod immer,
und wäre es nicht entsetzlich, wenn es anders wäre? Wenn das letzte
Wort der Natur eine — Beschimpfung wäre?

*

Pessimistisch angesehen ist die Gesellschaft die Gesamtheit Jener, die
etwas gegeneinander haben und die trotzdem mit einander verkehren
müssen, ja sogar wollen.

*

In einer Gemäldeausstellung zeitgenössischer Künstler treffe ich einen
Maler, der mich bereitwillig die Wände entlang geleitet. "Das ist
schlecht!" sagt er, auf das neue Bild eines seiner berühmteren Berufs-
genossen deutend; und dann, zu einem anderen fortschreitend: "Das ist
ganz schlecht!"; und schließlich vor einem dritten Halt machend: "Das
ist etwas weniger schlecht!" — Die Lobesklimax des Kollegen.

*

An gewissen kleinen Unregelmäßigkeiten lernt der gelernte Juwelier
die echten Perlen von den unechten unterscheiden. Aber freilich, heutzutage
gibt es auch schon nachgeahmte Fehler. Wer kennt sich noch aus in der
Charakterologie einer schwindelhaft versnobten Gegenwart?

Vom Standpunkt des Grammatikers gesehen, zerfallen die Menschen in zwei große Gruppen: die Hauptwörter und die Eigenschaftswörter. Die Hauptwörter bilden die herrschende Klasse, die Eigenschaftswörter die dienende und schmückende, aber diese letzte gehört auch zu den Herrschenden, da sie erst ihren Schmuck vollendet. Oder vielleicht nicht? Was wäre zum Beispiel Alexander, wenn er nicht auch der "Große" wäre? Denkt mir in diesem Zeitalter des Zeitwortes nicht allzugering vom Adjektiv!

*

Weltdamen sind Dirnen der Liebenswürdigkeit. Sie sind mit Jedem gleich bestrickend und möchten Jeden, der es glaubt, glauben machen, daß er heute wenigstens der erste und einzige ist.

*

Es ist ein weiter Weg vom Traum zur Tat. Aber den Taten der Besten haftet doch immer noch ein Restchen Traum an, und dieses Restchen macht ihre großen Taten schön und ihre Ruhmestaten erst erwähnenswert. Von diesem Restchen lebt Plutarch und von Plutarch Shakespeare.

*

Wir Männer vergessen zuweilen, daß der Lorbeer auch ein Küchengewürz ist. Dann ist es Sache der Frauen, uns daran zu erinnern.

*

Einen Feind in der Zeitung kühn zu beschimpfen, das trifft bald einer. Aber einen *Freund* öffentlich, mit lauter Stimme zu loben, dazu gehört wirklicher Mut und wir begegnen ihm selten.

*

Der Kommunismus ist der Kapitalismus der Armen, wie der Sozialismus der im Grunde gutmütige Versuch, das Du anstelle des Ich zu setzen. Allein was tut das entthronte Ich? Es sagt entschlossen: Du bist *Ich*; und herrscht zum höchsten Wohl der Allgemeinheit weiter im Namen des Kollektivismus.

*

Die Menschen machen es sich schwer. Wieviel Bände verwickeltster Psychologie erspart einem unter Umständen die schlichte Feststellung, daß eine dumme Gans eine dumme Gans und — seien wir nicht ungerecht — ein Ochse ein Ochs ist! Man muß zu den Urbegriffen zurückkehren.

124

Seinen Weg gehen ist alles. Aber man sollte darum den Blick nicht verlieren für die Landschaft, durch die er führt.

*

Liebe ist Nachsicht. Liebe ist, wenn einem geschenkt wird, was man haben sollte und nicht hat und *doch* hat — solang man eben geliebt wird.

*

Raketen sterben im Himmel. Sie bestrahlen die Nacht, aber sie erhellen sie nicht; soll sich nur niemand einbilden, daß er in ihrem verwirrenden Lichtschein leichter seinen Weg findet. Immerhin, es ist die hübscheste Art, zu leuchten und zu sterben. Auch für Gedankenblitze und Blitzgedanken, die aufglühen und zerstieben... Gute Nacht!

WAS ICH SAGEN WOLLTE

Meinen Lesern zugedacht

Vor fünfzig Jahren hat man geglaubt, daß man die Welt besser machen könne, indem man liest. Heute will man vielfach glauben machen, daß man die Welt verbessern könne, wenn man nicht liest. Beides ist irrig. Aber gewisse Orgien der Dummheit sind doch nur möglich in einem Zeitalter, das nicht liest.

*

Dem starrsinnigen Materialisten, für den die Welt nur aus Dreck und Logik besteht, droht am Ende doch immer die enttäuschende Entdeckung, daß seine Logik nur Dreck ist.

*

Mut zur Wahrheit: Die Wahrheit ist unangenehm. Also wäre die Lüge angenehm? Sie ist es, denn man hat sie erfunden und erfindet sie von Fall zu Fall, um das Unangenehme zu vermeiden. Woraus dann weiter folgt, daß Leute, die schmerzlos dem Genusse leben, die Wahrheit am wenigsten leiden mögen. Daher: die Schule der Wahrheit ist die Schule des Leidens, und Jeder ist in dem Maße der Wahrheit zugänglich und gegen sie abgehärtet, als er gelitten hat. Der Schmerz ist das Wahre.

*

Das Schönste, in das eine alte Liebe sich verwandeln kann, ist Zärtlichkeit. Zärtlichkeit ist ein vergilbtes Sachet, das immer noch nach Rosen duftet.

*

Die ewigen Wahrheiten? Es gibt nur eine: die Wahrheit.

*

Es ist eine bequeme Auffassung hochmütiger Gesellschaftsleute, daß die Literatur nur der Belehrung oder der Unterhaltung dient. Sie dient überhaupt nicht; sie i s t.

*

Die Selbstgefälligkeit ist die Magensäure des Erfolges. Sie macht sich bei zu naher Annäherung nicht immer angenehm bemerkbar.

*

Gescheite Menschen gibt es viele, zumal in der Jugend, solang wir und sie jung sind. Aber *wirklich* gescheite, nämlich solche, die gescheit genug sind, nicht immer nur gescheit sein zu wollen, findet man im Alter nur ganz Wenige.

*

Ist es nicht der tiefere Sinn der Erbsünde, daß Gott den Menschen dadurch, daß er ihn sündigen machte, erst zum Menschen machte? Denn was war er vorher, im Stande der Unschuld? Ein seliges Tier, das, ohne inneren Zwiespalt und eben darum ohne Ahnung vom Himmel und seinen entrückten Seligkeiten, im Kraut und Gras sein schmatzendes Genügen fand.

*

Ein glücklicher Dichter ist ein Widerspruch in sich. Der Dichter ist ein Lebewesen, das von der Allgemeinheit dafür bezahlt wird, unglücklich zu sein. Er erhält sich durch Schicksalsschläge und kommt (auf Kosten einer verfehlten Lebensrechnung) auf seine Kosten, indem er Bankrott macht.

*

Dumme Leute haben für das Lustspiel nichts übrig. Das allein erklärt seine weitgehende Unpopularität.

*

Menschen mit übergroßem Selbstgefühl haben niemals Humor. Begreiflich: Humor ist das Gegenteil von Selbstgefühl, nämlich All-Gefühl.

*

Wenn mir ein Schriftsteller von "trockenem Humor" spricht, weiß ich, daß er keinen hat. Denn Humor ist — auch wörtlich — Saftigkeit.

128

Die Geschichte des zwanzigsten Jahrhunderts lehrt, daß der Individual-Egoismus dem Kollektiv-Egoismus — Kommunismus, Fascismus — gegenüber machtlos ist. Man muß diesen beiden einen anderen Kollektiv-Egoismus entgegensetzen: den der Menschheit.

*

Die Frauen haben die Civilisation erfunden, aber nur die Männer die Kultur.

*

Nichtlesen führt nicht nur zur Verdummung sondern auch zur Verhärtung des Herzens im biologischen Sinne. Lesen, in einem gewissen Alter, ist das beste Mittel gegen Adernverkalkung.

*

Ein weiser alter Mann am Ende seines Lebens sagt: Ich rede nur noch mit Abwesenden. Da kommt doch wenigstens etwas heraus dabei! — und bei einer anderen Gelegenheit: Ich rede nur noch mit mir selbst, da hört einem doch wenigstens jemand zu.

*

Die ordinären Menschen erkennt man an den Anekdoten, die sie erzählen; die feinen an denjenigen, die sie nicht erzählen, obwohl sie sie kennen.

*

Psycho-Analytiker: Nasenbohrer der Komplexe.

*

Die Juden erfanden das Gleichnis; die Griechen das Sinnbild. Was aber ist das Sinnbild anderes als das in eine haltbare Form gebrachte Gleichnis? Was ist Poesie, wenn nicht anschaulich gemachte Philosophie?

*

Jedes gut gemachte Theaterstück ist ein Gottesbeweis. Denn es tut seine Schuldigkeit nur, wenn es darin mit rechten Dingen zugeht. Sobald es von dieser Linie abweicht, geht das Publikum nicht länger mit. Wer aber ist das Publikum? Das Publikum ist der Mensch — tausendköpfig. Woraus hervorgeht, daß die "rechten Dinge" in und über dem Menschen sind; daß sie ihm eingeboren sind. Wären sie nicht, könnte man kein Empfinden für sie haben. Also gibt es ein höheres moralisches Gesetz, das, obzwar ungreifbar, uns alle bindet, indem es sich verwirklicht. Man nenne es wie man wolle, am Ende heißt es Gott.

*

Das Paradox war das Ästheten-Abenteuer des zuletzt seiner selbst überdrüssig gewordenen neunzehnten Jahrhunderts, mit dem sich die Zeitgenossen im elfenbeinernen Turm die unbewegte Zeit vertrieben. In einer abenteuerlich bewegten Zeit, wie die unsrige genügt wieder die schlichte Wahrheit. Sie ist j e t z t das Abenteuer.

*

"Da läßt sich nichts machen?" Falsch! Grade d a und n u r da läßt sich was machen!

*

Wenn jemand ein brennendes Haus beschreibt, so kann er es mit seiner Beschreibung allen Leuten recht machen, nur seinen Hausgenossen nicht und den Nachbarn, die, ohne beschreiben zu können, was sie gesehen haben, sich darauf berufen werden, daß sie "dabei" waren.

*

In der Emigration werden die Charaktere durchsichtig. Darum, unter anderm, ist sie so schwer zu ertragen.

*

Ein Charakter muß nicht immer recht haben; es genügt, wenn er immer Charakter hat.

*

Nichts törichter als der Politik, wie es heute so häufig geschieht, die Literatur entgegenzustellen. Literatur ist Politik mit anderen Mitteln.

*

Hochmütige Menschen sprechen durch die Nase. Und dann gibt es noch Hochmütigere, die sogar durch die Nase schweigen.

*

Talent zu haben wäre eine vom Standpunkt höherer Gerechtigkeit kaum zu verantwortende Ungerechtigkeit, wenn nicht Gott, als er das

130

Talent verlieh, zugleich auch den Talent-Dünkel des Dilettanten miter-schaffen hätte. Dank dieser zweiten Erfindung sieht sich die scheinbare Bevorzugung des mit Talent Begabten auf das Glücklichste wieder aus-geglichen. Denn nun steht die Sache so, daß die Einen zwar Talent haben, die Anderen aber durch ein beneidenswertes Selbstbewußtsein darüber getäuscht und getröstet werden, daß sie völlig talentlos sind: sie genießen alle Freuden der Produktion, ohne die Qual der Hervorbringung, die ihnen — Gottesgabe der Talentlosigkeit — verdächtig leicht fällt.

*

Für Gott spricht unter anderm, daß zwar viele Menschen in reifen Jahren sich zu Gott bekehrt haben, aber kaum einer, reif geworden, sich von Gott abgekehrt hätte. Saulus ist auf dem Wege nach Damaskus ein Paulus, aus einem Teppichhändler ein Apostel geworden. Ein Fall, daß auf dem gleichen Wege ein Paulus sich in einen Teppichhändler zurück verwandelte, ist unter Kirchenvätern nicht bekannt.

*

Druckfehler in Amerika

Was tu ich in dem fremden Land?
Entstellt gedruckt und ganz verkannt?
Stets strich ich aus, was falsch gesetzt —
Druckfehler bin ich selber jetzt!

*

Die Rechnungsabschlüsse Gottes lassen warten. Mit den Ungerechtig-keiten des achtzehnten Jahrhunderts wurde erst im neunzehnten abgerech-net, und die Sünden des neunzehnten in endlosen Kriegen blutig richtig-zustellen, scheint die traurige Aufgabe des zwanzigsten zu sein.

*

Die Charakterlosen können sich nicht vorstellen, daß jemand Charakter haben könnte. Das sichert ihnen einen ungeheuren Vorsprung im täg-lichen Leben, weil sie die Mehrheit auf ihrer Seite haben. Aber in der Geschichte versagen sie; denn geschichtliche Entwicklungen sind letzten Endes mehr vom Charakter — des Einzelnen und der Nationen — bedingt als die Niedrigkeit unserer moralischen A la baisse-Spekulanten sich vor-zustellen vermag.

131

HOMO SUM

Daß du, aus Erde, Erde wirst, steht fest.
So brüste dich, du armer Erdenrest,
Daß du, auf Erden, auf dir selber stehst —
Und auf dir selbst spazieren gehst.

*

Der Fascismus? Was ist der Fascismus anderes, als der Kommunismus der reichen Leute?

*

Bildung ist nicht Wissen, aber *auch* Wissen. Die Meinung zu erhärten, daß man ungebildet sein müsse, um Tatkraft zu bewähren, blieb unserem technischen Zeitalter vorbehalten, das glaubt, es käme aufs Telephon an, und nicht auf das, was man hineinspricht.

*

Eine Frau im Verblühen, die vor dem Spiegel sich die Lippen färbt: Sie küßt sich selbst.

*

Ein Freund ist jemand, der verlangt, daß man sich um ihn kümmert: Ich bin ein Freund.

*

Jedes Leben beginnt mit einem Darlehen, das die Erde, als Grundherr, dem neuen Erdenbürger gewährt: einem Betriebsfond an Zellen und Stoffen, den er, wie der Pächter das Inventar, nach Ablauf der Pacht zurückerstatten muß. Das Merkwürdige ist nur, daß er am Ende doch auf seine Rechnung kommt, die, von Anfang an aufgestellt, bis in alle Ewigkeit fortbesteht. Und dabei tut sich der armselige Hintersasse noch etwas darauf zugute, daß er das "Privateigentum" erfunden hat. Privateigentum? Da lachen die Hühner oder vielmehr die Würmer, die sich bei ihm zu Gaste laden.

*

Für den überzeugten Materialisten ist der Mensch nur ein Tier. Er wird geboren, zeugt und stirbt: wo ist der Unterschied? fragen sie. Der Unterschied? Eine Kleinigkeit, meine Herren: Des Menschen Wissen um den *Tod* und eine Ahnung von *Gott.*

In einem Nachruf auf Franz Blei lese ich den denkwürdigen Satz: Er verzettelte sein Talent in Essays. — Und wer tat das noch außer Franz Blei? Macaulay. Und wer noch? Emerson. Und Montaigne... Und Bacon... Aber niemand wird dem deutschen Bildungsphilister — ein Wort, das aus der geistigen Werkstatt des Essayisten (nicht des Philosophen) Friedrich Nietzsche hervorgegangen ist — jemals einreden können, daß ein begabter Schriftsteller sein "Talent" in Essays anders als "verzetteln" könne.

*

Warum soll ich bescheiden sein,
Gealtert in der Stille?
Die erste Unbescheidenheit
Ist fast ein letzter Wille.

*

Die Frauen lieben einen gutangezogenen Mann, weil es der Mühe wert ist, sich für ihn gut anzuziehen.

*

Glaube? Eine Sicherheit ohne Beweis.

*

Freunde sind wie Zähne, mit denen wir beißen und glänzen können. Verlieren wir einen, solang wir jung sind, so denken wir: einer weniger, es bleiben uns noch genug. Aber wenn wir schließlich zahnlos dastehen, werden wir erschrocken gewahr, daß sie nicht *nachwachsen*, und daß es bitter ist, an der zähen Speise des Lebens auf falschen Zähnen weiter zu kauen.

*

Die Generation von 1900: Materialismus plus Wissen; von 1930: Materialismus ohne Wissen: Ich zweifle, daß dies einen Fortschritt bedeutet.

*

Jedes Erwachen ist eine Geburt, jedes Zubettgehen ein kleiner Tod. Was ist der Tod? Ein Zubettgehen mehr.

*

Ästhetizismus ist Materialismus mit einem Goldrand.

133

Der alte Emigrant beklagt sich:

Ich bin im Leben viel gereist,
Hab überall was gelernt zumeist:
Probieren geht über Studieren.
Dann kam ich nach Amerika,
Zu lernen. — Und was lernt' ich da?
Da lernt' ich: RESIGNIEREN!

*

Eine Woche Hollywood

Das ist ein guter Platz für lustige Leute.
Bist du betrübt, wirst du des Kummers Beute.
Ich dachte, eine Woche wird mir frommen,
Und hab in einer Woche viel gelacht.
Dann hab ich seufzend mich davon gemacht,
Um trauriger zu gehn als ich gekommen.

*

Kochrezept für eine Rede in Amerika

Man beginne mit einer Geschichte und schließe mit einer Hoffnung. Wenn die Geschichte wahr und die Hoffnung unbegründet ist, kann es nicht fehlen.

*

Welch ein Triumph für den Glauben, daß die *Ungläubigen* schließlich alle in den *Aber*glauben flüchten. Sogar in der Wissenschaft. Was ist beispielsweise Freuds "Unterwußtsein" oder Bergsons "Elan vital" anderes als ein schamhaftes Pseudonym für "Gott".

*

Alle betrachtenden Gedichte Schillers sind zu lang, was diejenigen Goethes niemals sind. Warum? Weil bei Goethe alle Betrachtung *Anschauung* wird.

*

Die meisten Menschen beurteilen ihre Mitmenschen danach, w a s sie essen. W i e sie essen, ist viel aufschlußreicher.

*

Kunst ist nicht Natur; aber auch nicht Unnatur. Was also ist sie? *Beseelte* Natur; vom Menschen aus gesehen und auf ihn bezogen.

Daß im Krieg die Musen schweigen, ließe sich verschmerzen, wenn nur nicht die Dichter gleichzeitig unablässig redeten.

*

Die Verwesung als eine Hochzeit mit der Erde mag so übel nicht sein. Aber leider beginnt sie ihr trauriges Geschäft schon bei Lebzeiten, unter der Firma "Alter."

*

Solange die Ärzte nicht ein Mittel gegen den Tod wissen, wird die Wissenschaft die Religion nicht ersetzen können. Alle Religion beruht letztlich auf der Tatsache, daß wir sterben müssen und — nicht wollen.·

*

Je ungläubiger eine Epoche ist, desto hoffnungsloser sehen wir die Literatur mit dem Todesgedanken beschäftigt. Ein Musterbeispiel für diese Behauptung ist, was wir um die Jahrhundertwende "fin de siècle" und auf Deutsch "Die Moderne" nannten.

*

Dazu paßte das europäische Bürgertum jener Epoche, das seinen materialistischen Pessimismus mit der sauren Milch Schopenhauerscher Lebensverneinung nährte.

*

Aus einem Roman der Sechzigerjahre des vorigen Jahrhunderts: "Pauline war ein verkörperter Waldschatten." Das Gegenstück dazu ein Satz aus einem französischen Roman der Musset-Zeit, der eine schöne Frau beschreibt, die unter den Augen ihres Liebhabers Hippolyt über den Rennplatz von Auteuil schreitet, wobei der Sommerwind das ausschreitende Bein flüchtig bis zum Knie entblößt: "Und Hippolyt brach in Tränen aus."

*

Es gibt auch einen müßigen Fleiß und eine geschäftige Faulheit; ja sogar einen atemlosen Müßiggang.

*

Es klingt wie ein Scherz, aber es ist tatsächlich das Schlimmste, was man einem Lustspieldichter nachsagen kann, daß man ihn nicht ernst nehmen könne.

Das Talent ist immer eine Überraschung, auch für denjenigen, der es besitzt. Das allein macht es zu einem lebenslänglichen Göttergeschenk.

*

Es gibt zwei Arten von Leichtigkeit: diejenige der Flaumfeder und die des Flugzeugs. Die eine beruht auf Gewichtlosigkeit, die andere auf motorischer Kraft. Das tut auch die Leichtigkeit Mozarts und, nimmt man ihn als ein Symbol, der großen Kunst überhaupt: der Odyssee zum Beispiel oder des Sommernachtstraums. Die Kunst macht sich's nicht leicht, nur uns anderen leichter. Sie täuscht als Gnade vor, was in Wahrheit Kraft ist. Im Englischen sagt man, bezeichnender Weise, für Talent: "power."

*

Religion und Fatalismus — wo ist der Unterschied? Der Unterschied besteht darin, daß Religion optimistisch macht, Fatalismus pessimistisch. Jene läßt uns an ein Gesetz glauben, dieser setzt die hoffnungslose Nichtigkeit allen Geschehens voraus. Der Schaffende und sogar der Tätige ist immer optimistisch; der Fatalist ist von Natur faul, und der Faule wird mit Vorliebe Fatalist. Nichts ist bequemer als an den Untergang der Welt zu glauben.

*

Das Schlimmste ist nicht, daß man alt wird, sondern daß man es über Nacht wird. Es ist doch alles, als wär es erst gestern gewesen.

*

Wie den Trinker am Weingeruch, den er ausströmt, erkennt man den Frömmler an der Salbung, mit der er spricht. Diese Ausdünstung verrät in beiden Fällen ein schon etwas vorgeschrittenes Stadium.

*

FREUD

Das Es ist stärker als das Ich! — Das stimmt!
Jedoch, was heißt dir "Es?" frag ich ergrimmt.
Treibst du mit dem Unnennbaren Spott?
Du nennst IHN "Es" — ich nenn "Es": GOTT.

*

Seitdem ich mich den 70 nähere, weiß ich genau, wie ich mit 20 hätte schreiben sollen. Aber wie und von wem werde ich erfahren, wie ich mit 70 hätte schreiben sollen?

136

Männer wollen etwas besprechen; Frauen wollen sprechen. Männer wollen beschwatzen; Frauen wollen schwatzen. Männer wollen besitzen, Frauen wollen sitzen. Immer ein "be" zuviel — oder zu wenig!

*

"The Novel is the Epic grown amusing." (Balzac: Les Illusions perdues.)

*

Zynismus ist verwerflich. Aber wo ich die Wahl habe zwischen Zynismus und Verlogenheit, bin ich für Zynismus.

*

Wie segensreich wäre der Protestantismus ohne die *Revolution*, die er, siegreich, zur Folge hat; und der Katholizismus ohne die *Reaktion*, auf die er sich, geschlagen, zurückzieht!

*

Im Traum sind Zeit und Raum aufgehoben. Sollte dies nicht das wahre Leben sein und das sogenannte Leben, in dem Zeit und Raum herrschen, nur ein Traum?

*

Monismus ist schrecklich. Es gibt kein traurigeres Tischgespräch als übers Essen.

*

Die amerikanische ist eine synthetische Nation. Umso besser, weil sie, so beschaffen, schon durch ihr bloßes Dasein den Nationalismus verneint.

*

Die kleine Unterbrechung unserer Unsterblichkeit, die wir "Leben" nennen — gibt sie uns das Recht, uns vor dem Tod zu fürchten?

*

Die Literatur ist der Beichtstuhl der Menschheit. Durch den Mund des Dichters beichten Tausende, die namenlos hinter ihm stehen: dem Schriftführer beim Jüngsten Gericht.

*

Schon daß wir Gott *suchen*, beweist ihn; denn wer hat uns auf die Suche geschickt?

Bei den meisten sogenannten Frommen eines gewissen Alters ist das Verlangen nach Gott nur eine Ausdehnung eines nach oben sich verlängernden Egoismus. Sie bedienen sich Gottes als einer nützlichen Bekanntschaft. Sie brauchen ein Visum nach dem Himmel: einen Paß für die Ewigkeit.

*

Wenn Alles Nichts ist, wie die Nihilisten — jetzt Existentialisten — behaupten: ist dann nicht auch Nichts — Alles? (Und das Atom — Gott?)

*

Biographie einer Frau aus dem vorigen Jahrhundert:

Aus einer Zeit stammend, in der der Wiener Philosoph Weininger die Verwegenheit hatte, zu behaupten, daß die "Frauen" — was alles sagte man damals den armen Frauen nicht nach? — entweder "Königinnen" oder "Köchinnen" sind, lebte sie in ein Zeitalter hinüber, in dem schließlich alle Königinnen sich in Köchinnen verwandelten....

*

Man mag sagen, was man will, niemand hat den deutschen Vollbart der Achtziger Jahre so treuherzig in Musik gesetzt wie Johannes Brahms in seinen Männerliedern.

*

Altwerden heißt zu sich selber kommen. Mit Recht sind so viele alte Leute von dieser Begegnung enttäuscht.

*

METTERNICH — 1946

"Balance of power!" und "Heilige Allianz!"
Warnt Staatsmann und Professor.
"Atomic bomb" hält heut die Balanz —
Ist *un*heilig darum besser?

*

Eine bittere Wahrheit für den Demokraten: das große Drama braucht Könige. Sogar das republikanische Drama braucht sie. Denn was tut der republikanische Dramatiker, etwa der französischen Revolution und — jeder Revolution? Er verherrlicht Brutus. Aber wie kann man Brutus verherrlichen, ohne ihm Caesar gegenüber zu stellen? Übrigens braucht das Drama den König nicht nur aus solchen kontrapunktischen Gründen und Theaterzettel-Notwendigkeiten. Es braucht ihn auch um seiner selbst willen, weil es die Vertikale des Aufbaus, die Treppe, das Obergeschoß, weil es die Spitze, die Pyramide braucht. Drama ist Peripetie, und Peripetie setzt Gipfel und Abgrund voraus, wie sie nur die Senkrechte herzustellen vermag. Worauf der überzeugte Demokrat erwidern wird, daß man ja auch das Volk zum König machen kann, was schließlich in jeder Revolution geschieht, zuletzt in der königsmörderischen Russischen, deren dramatische Lieblingshelden nach wie vor Boris Godunow und Peter der Große heißen. Kein Zweifel, man kann das Volk auf den Thron setzen. Das Mißliche ist nur, daß es, wenn man es auf den Thron setzt, nichtsdestoweniger keine Person ist, und daß das Drama als die sinnfälligste Form der Dichtung die Gestalt postuliert. Der Chor kann ihm den Helden nicht ersetzen, so weise die antiken Dramatiker waren, ihm die Randbemerkungen zu dem vom Könige Veranlaßten zu übertragen, wodurch sie zugleich, indem sie der Demokratie die ihr — im Drama — zukommende Rolle zuwiesen, die Monarchie des königlichen Helden, einer ungefährlichen post festum-Abstimmung Raum gebend, parlamentarisch verbrämten.

*

Je besser die Federn im neunzehnten Jahrhundert dank der technischen Vervollkommnung der Industrie wurden, desto elender die Schrift. Hier waltet ein Gesetz, das unseren ganzen Kulturzustand kennzeichnet. Die Erfindung der Buchdruckerkunst hat den köstlichen illuminierten Handschriften der Mönche ein Ende gemacht, die Stahlfeder zuerst, die Schreibmaschine später ersetzt die Kalligraphie der Großväterzeit; das Telephon ersetzt den Brief. Aber auch diese mechanischen Errungenschaften sind nur Eselsbrücken einer immer weiter fortschreitenden Bequemlichkeit, die das Zeitalter zu entseelen droht. Im einundzwanzigsten Jahrhundert wird man wahrscheinlich auch nicht mehr mit der Schreibmaschine oder mit dem Diktaphon, was man zu sagen zu haben glaubt, zu Papier bringen. Man wird Gedanken atmen. Man wird Gedankenlosigkeit atmen. Dabei wird sich herausstellen, ob die Kunst des Schreibens — das, was wir Literatur nennen — nicht ebenso wie die Kunst des Malens oder des Geigens und Klavierspielens die durch nichts zu ersetzende menschliche Handwurzel und ein Fingerspitzengefühl voraussetzt, das keine mechanische Vorrichtung besitzt, weil, ja weil eben die menschliche Seele daran beteiligt ist — eine Frage freilich, die zu entscheiden wir diesem überindustrialisierten Zeitalter der Atombombe überlassen können, weil wir sie ihm überlassen müssen. Vielleicht ist die Literatur, aus dem Mythos entstanden, dazu bestimmt, in künftigen Jahrhunderten wieder Mythos zu werden — ein fernes Märchen aus längst verdämmerter Vergangenheit.

*

Die Schöpfung kann unmöglich grausam gegen uns verfahren; denn sie *braucht* uns. Was wäre die Schöpfung ohne den Menschen, das einzige Lebewesen, das sie innerhalb weit gezogener Grenzen versteht und würdigt? Schöpfung und Mensch stehen zumindest zu einander wie der Erzeuger und Kunde, oder wie, noch frevelhafter ausgedrückt, Dichter und Leser. Getrost! Wir bleiben aufeinander angewiesen. Wenn *wir* den Sternenhimmel nicht bewundern, wer tut es? Kein Tier tut es; und keins entdeckt in ihm, wie Kant, Abglanz und Bestätigung des Sittengesetzes.

*

Alles Geschaffene ist auf einen Abnehmer berechnet — und die Werke der Schöpfung wären es nicht? Das Gras fressen die Kühe, wer aber — noch einmal gefragt — frißt das Sittengesetz, wenn nicht der Mensch? Darüber kommt kein Atheist hinweg. Die Schöpfung braucht uns; sie braucht ein Publikum; und ihr Publikum ist der Mensch.

*

Reaktion und Religion, begrifflich, nur eine Silbe gemein, die erste. Aber die haben sie miteinander gemein: sie sind beide nach rückwärts gebunden und werden es immer sein.

*

Philosophieren heißt Leidenschaft in Betrachtung auflösen. Vom Philosophen Leidenschaft verlangen heißt, der Feuerspritze vorwerfen, daß sie nicht brennt.

*

Die Sprache in Goethes Italienischer Reise: Er sprach so schön, daß er auch weitersprach, wenn er schwieg, und das nannte er dann Schreiben.

*

Meditation am 70. Geburtstag: Der Mensch kommt mit einer Bitte zur Welt und dann sagt er ein langes Leben lang in den verschiedensten Formen immer nur "Bitte!" Aber wenn man ganz alt geworden ist, sollte man eigentlich immer nur "Danke!" sagen, für alles und jedes und vor allem dafür, daß man immer noch auf der Welt ist und das wunderbare Schauspiel genießt, das man so oft seufzend "das Leben" nannte.

*

Der Revolutionär des 19. Jahrhunderts, im Sittenstück und Roman, war der bürgerliche Hofmeister in einem aristokratischen oder geldstolzen Hause. Aber die Revolution des 20. Jahrhundert ging entschlossen um einen Schritt weiter — nämlich gegen den bürgerlichen Hofmeister. Jene andere Revolution setzte die Bildung voraus; diese verneint sie.

*

Aus dem moralischen Gesichtswinkel betrachtet, gibt es, ein für alle-mal, zwei Arten von Menschen: diejenigen, die glauben, daß alles möglich ist; und diejenigen, die wissen, daß *nicht* alles möglich ist; es sieht nur so aus. Nur sie sind es, die von Generation zu Generation, die Menschheit, an die sie glauben, davor bewahren, sich zur Affenherde zurück zu ent-wickeln.

*

Die Frömmler, die nur an den *Glauben* glauben,
Sie haben ihren Lohn dahin.
Wer *wahrhaft* fromm, muß an den Menschen glauben —
Wer *nur* an Gott glaubt, glaubt auch nicht an IHN.

*

Die Dichtung reicht genau so weit, wie der Traum reicht, und der Traum so weit, wie die Erfahrung. Kosmische Träume, interplanetare Reisen u.s.w. sind Tintenfaß-geboren. Alle poetische Erfindung beruht auf Gedächtnis. Alle Dichtung setzt Wirklichkeit voraus.

*

In den neunziger Jahren hieß eines der erfolgreichsten Stücke des Wiener Theaters "Der Böhm in Amerika." Wer hätte gedacht, daß er einmal Masaryk heißen würde? Denn das war Masaryk tatsächlich: der Böhm in Amerika, bevor er Präsident der neu entstandenen tschecho-slowakischen Republik wurde. Die Wiener haben, so scheint es, ein immer wieder sich bewährendes Talent, sich einzubilden, in einer Operette zu sein, wenn sie schon längst in der Geschichte sind.

141

EIN GRAMMATIKER
SCHREIBT DIE BIOGRAPHIE SEINER FRAU

Das Zeitwort zeigt des Menschen Lebenslauf,
In seinen Abwandlungen den Charakter auf.
Verjährtes Mittelwort wird vom Präfix gespreizt:
Die vormals reiz*end* war, ist jetzt — *ge*-reizt.

*

Zwei Generationen (1900—1950):

Die Mutter liest ein Buch nie zu Ende, und die Tochter fängt nie
eines an.

*

Das Lustspiel — diese menschlichste Form des Dramas — ist unter
anderm auch eine Schule der Lebensklugheit und ist dies von Terenz bis
G. B. Shaw. In der Tragödie lernen wir, mit Anstand zu sterben, in der
Komödie, vernünftig zu leben. Es gibt gute und schlechte Lustspiele, aber
es gibt kein schlechthin unkluges Lustspiel. Dies ist dieser Gattung Wert
und — Grenze.

*

ANSCHLUSS — 1938

Wollt Ihr uns hecheln?
Wir *sind* nicht verwandt.
Deutschland: das Land ohne Lächeln.
Östreich — ein Lächeln ohne Land!

*

ÖSTERREICH AUS DEM GRABE REDEND

Schilt nicht auf meinen Unverstand!
Und tust du's, Freund, so tu es sachte!
Ich war ein ganz *unmöglich* Land —
Das erst Europa *möglich* machte!

*

UNSTERBLICHKEIT

Nichts ist umsonst! Wir zahlen, daß es kracht,
Zumal für unsre preiseswertren Lüste.
Unsterblichkeit? — Lusttraum der Todesnacht!
Wenn man nur nicht erst vorher sterben müßte! ...

SELECT BIBLIOGRAPHY

1) *Works by Arthur Schnitzler*

SCHNITZLER, ARTHUR. *Gesammelte Werke. Die Erzählenden Schriften.* 2 Bde. Frankfurt am Main: S. Fischer Verlag, 1961.

—. *Gesammelte Werke. Die Dramatischen Werke.* 2 Bde. Frankfurt am Main: S. Fischer Verlag, 1962.

—. *Gesammelte Werke. Aphorismen und Betrachtungen.* Frankfurt am Main: S. Fischer Verlag, 1967.

—. *Jugend in Wien.* Wien, München, Zürich: Verlag Fritz Molden, 1968.

—. "Kriegsgeschichte," *Literatur und Kritik*, 13 (April 1967), 133-183.

Der Briefwechsel Arthur Schnitzler-Otto Brahm. Ed. Oskar Seidlin. Berlin: Selbstverlag der Gesellschaft für Theatergeschichte, 1953.

Hugo von Hofmannsthal—Arthur Schnitzler Briefwechsel. Ed. Therese Nickl und Heinrich Schnitzler. Frankfurt am Main: S. Fischer Verlag, 1964.

2) *Complete Works of Raoul Auernheimer excluding the Feuilletons*

AUERNHEIMER, RAOUL. *Talent.* Eine Komödie in 3 Akten. Wien: Dr. Reichs-wehr, 1900.

—. *Rosen, die wir nicht erreichen. Ein Geschichtenband.* Wien: Wiener Verlag, 1901. [Contents: *Stanniol; Rosen, die wir nicht erreichen; Ihr letzter Ball; Der Andere; Greifenstein; Am xten Geburtstage; Fünf Pfund; Das Märchen von der Treue; Okkasion; Ein Konjunktiv; Der Ring; Letztes Lachen*].

—. *Renée. Sieben Kapitel eines Frauenlebens.* Erzählungen. Wien: Wiener Verlag, 1902.

—. *Koketterie. Ein Zwischenspiel.* Berlin: Bloch, 1902.

—. *Die Lügenbrücke. Einaktige Komödie. Die Wage,* 46 (1902).

—. *In festen Händen. Ein Zwischenspiel. Die Wage,* 31 (1903).

—. *Lebemänner. Novelle.* Wien: Wiener Verlag, 1903.

—. *Karriere. Ein Zwischenspiel. Die Wage,* 19 (1904).

—. *Die Verliebten. Erzählungen.* Wien, Berlin: Singer Co., 1903.

—. *Die Dame mit der Maske. Zwischenspiele.* Wien: Wiener Verlag, 1905. [Contents: *Redoute; In festen Händen; Der Unverschämte; Koketterie; Die Frau, die ihren Mann betrügt; Die Notlüge; Die Hochzeitsreise; Georgine oder Die Freundin*].

—. *Die Dame mit der Maske.* Berlin: E. Fleischel, 1908. [Same contents as previous ed.].

—. *Die große Leidenschaft. Lustspiel in 3 Akten.* Wien: Wiener Verlag, 1905.

—. *Die ängstliche Dodo. Novellen.* Berlin: E. Fleischel, 1907. [4th ed., 1920. Contents: *Die ängstliche Dodo; Die Verlobten; Das Abenteuer einer Un-terlehrerin; Ein Protektionskind; Orthographie; Wie Dux einer großen Gefahr glücklich entging; Das Abenteuer; Referenzen; Der Othello des Schauspielers Doro; Wenn Jugend wüßte*].

AUERNHEIMER, RAOUL. *Der gute König. Lustspiel in 3 Akten.* Stuttgart, Berlin: J. G. Cotta, 1908.

—. *Die man nicht heiratet. Novellen.* Berlin: E. Fleischel, 1909. [Contents: *Manette und Nanette; Das Wunder von Mariazell; Die Frau in Trance; Der höfliche Artur; Die Heiratsvermittlerin; Die Abfindung; Der Dichter; Die Amerikanerin; Ein freier Nachmittag des Herrn Dux; Aline*].

—. *Die glücklichste Zeit. Lustspiel in drei Akten.* Berlin: Vita, 1909.

—. *Gesellschaft. Mondäne Silhouetten.* Berlin: E. Fleischel, 1910. [Contents: *Das Album; Antiquitäten; Die Sommerbilanz; Der Jour; Ein Kuß auf der Redoute; Eine Bridgepartie; Eine mondäne Frau; Der kleine Salon; Sanatorium für Nervöse*].

—. *Renée und die Männer. Erzählungen.* Berlin: E. Fleischel, 1910.

—. *Der gußeiserne Herrgott. Erzählungen.* Berlin: E. Fleischel, 1911. [Contents: *Der gußeiserne Herrgott; Der Idiot; Diplomatische Information; Der Wahnsinnige; Die Schule der Diebe; Sphinx; Die Galante Kompagnie; Der Stempel; Ein Prinz; Der Leichenbestatter von Ebenbrunn*].

—. *Der Unverschämte. Lustspiel in einem Akt.* Berlin: E. Bloch, 1912. [Also Brünn: Wencker and Schickardt, no date; and in *Die Dame mit der Maske* (1905; 1908)].

—. *Das dumme Glück. Eine Schicksalskomödie in dreil Akten* von Raoul Auernheimer und Leo Feld. Berlin: S. Fischer, 1912.

—. *Das Paar nach der Mode. Wiener Lustspiel in drei Akten.* Berlin: S. Fischer, 1913.

—. *Laurenz Hallers Praterfahrt. Erzählung aus dem vergangenen Wien.* Berlin: S. Fischer, 1913.

—. *Die verbündeten Mächte. Lustspiel aus der Wiener Kongresszeit in drei Akten.* Berlin: S. Fischer, 1915.

—. *Das wahre Gesicht. Novellen.* Berlin: E. Fleischel, 1916. [Contents: *Der Unbeliebte; Escamillo; Die Locke; Das Lippenrot; Der Bär; Liebesgaben; Die Hochtour; Das Landgut der Fiametta; Vetter Maigrün*].

—. *Herzen in Schwebe. Novellen.* Berlin: E. Fleischel, 1916. [Contents: *Das Wunder von Mariazell; Greifenstein; Pfeifer und Sohn; Das rote Kleid; Ein Prinz; Die Straße des Elends; Der Stempel; Der Andere; Unschuldige Soldatengeschichte; Der Dichter; Stanniol*].

—. *Ikkase. [Okkasion].* Usporadal a preslozil Frant(isek) Brno: Sidlo, 1916.

—. *Renée es a férfiak. [Renée und die Männer].* régeny; forditotta Fajzs Elemer - Budapest: Herczka Arpad kiadasa, 1918.

—. *Frau Magda im Schnee. Eine Erzählung.* Wien: Lyra-Verlag, 1919.

Feuilletons von Theodor Herzl. Vorrede von R. Auernheimer. Berlin: B. Harz, 1919.

AUERNHEIMER, RAOUL. *Der Geheimniskrämer. Novelle.* Berlin: S. Fischer, 1919.

—. *Das ältere Wien. Bilder und Schatten. Essays.* Wien: E. P. Tal, 1920.

—. *Das ältere Wien. Bilder und Schatten.* Wien: A. Hartleben, 1925.

AUERNHEIMER, RAOUL. *Le Marchand de secrets.* [*Der Geheimniskrämer*]. Paris: Plon Nourrit, 1920.

—. *Maskenball. Novellen im Kostüm.* Berlin: E. Fleischel, 1920.

—. *Lustspielnovellen. Novellen.* Stuttgart: Deutsche Verlags-Anstalt, 1922. [Contents: *Der junge Don Juan; Die Hochzeit in Prag; Das schuldbeladene Paar; Die Schule der Liebe; Die Geschichte einer Ehe; Frau Magda im Schnee; Der Mörder Babinsky*].

—. *Das Kapital. Roman aus der jüngsten Vergangenheit.* Berlin: Ullstein, 1923.

Helene. Roman von Paul Géraldy, deutsch von Raoul Auernheimer. Berlin: P. Zsolnay, 1924.

AUERNHEIMER, RAOUL. *Casanova in Wien. Komödie. Drei Akte in Versen.* München: Drei-Masken-Verlag, 1924.

—. "An der Wiege des Burgtheaters." *Ein Vorspiel.* In *Hundertfünfzig Jahre Burgtheater 1776-1926. Eine Festschrift.* Herausgegeben von der Direktion des Burgtheaters. Wien: Krystall Verlag, 1926.

—. *Die linke und die rechte Hand. Roman.* Berlin: S. Fischer, 1927.

—. *Die Wienerin im Spiegel der Jahrhunderte. Essays.* Eingeleitet und herausgegeben von R. Auernheimer. Zürich, Leipzig, Wien: Amalthea-Verlag, 1928.

—. *Die Feuerglocke. Lustspiel in drei Akten.* Berlin: S. Fischer, 1929.

—. *Die Hochzeitsreise nach Baden-Baden.* Fröhliche Reise- und Badegeschichten von R. Auernheimer, K. Ettlinger, R. Hirschberg-Jura (u. a.). Hrsg. Hermann Beitten. Berlin: Dr. Selle-Eysler, 1929.

Humoristische Meister-Novellen. Mit Beiträgen von Rudolf Presber, Paul Ernst, Raoul Auernheimer, Karl Quenzel (u. a.). Leipzig: Hesse und Becker, 1930.

AUERNHEIMER, RAOUL. *Evarist und Leander oder Die Damenwahl. Novelle.* Leipzig: L. Staackmann, 1931.

—. *Gewitter auf dem Rigi. Lustspiel in drei Akten.* Berlin: S. Fischer, 1931.

—. *Geist und Gemeinschaft. Zwei Reden.* Wien, Berlin: P. Zsolnay, 1932.

—. *Der gefährliche Augenblick. Abenteuer und Verwandlungen. Novellen.* Leipzig: L. Staackmann, 1932.

—. *Gottlieb Weniger dient der Gerechtigkeit. Roman.* Leipzig, Wien: E. P. Tal, 1934.

—. *Quand le Duc d'Orléans vint à Vienne.* [*Gottlieb Weniger dient der Gerechtigkeit*]. Traduit de l'allemand par Suzanne Clauser. Compositions de Pierre Lissac. Paris: l'Illustration, 1934.

—. "Nelson's Coffin." Prose tale. *Lovat Dickson's Magazine*, Vol. 3, No. 4 (October 1934), 400-407.

—. *L'Autriche dans le Cadre Européen. Essays.* Par M. Pernot, E. Pezet, M. Dunan, P. Bastid, R. Auernheimer, G. Perreux ... Paris: Publication de la Conciliation Internationale, 1935.

—. *Wien — Bild und Schicksal. Essays.* Wien: O. Lorenz, 1938.

AUERNHEIMER, RAOUL. *Prince Metternich. Statesman and Lover.* Biography. New York: Alliance Book Corp., 1940.

—. *Metternich, estadista y hombre galante.* [*Metternich, Staatsmann und Kavalier*]. Traduccion de Pedro Ibarzabal. Buenos Aires: Editorial Sudamericana, 1942.

—. "The Window Cleaner." Short story. *The International Quarterly* (Spring 1942), 14-16.

—. "Stefan Zweig." Essay. In *The Torch of Freedom. Twenty Exiles of History.* Ed. Emil Ludwig and Henry B. Kranz. New York: Farrar and Rinehart, 1943.

—. *Metternich, Staatsmann und Kavalier.* Wien: Ullstein, 1947.

—. *Franz Grillparzer, der Dichter Österreichs. Biographie.* Wien: Ullstein, 1948.

—. *Das Wirtshaus zur verlorenen Zeit. Erlebnisse und Bekenntnisse. Autobiographie.* Wien: Ullstein, 1948.

3) *Published Stage Manuscripts by Raoul Auernheimer*

Wiener Klatsch. Zwischenspiel. No publisher. No date.
Schule der Snobs. Zwischenspiel. No publisher. No date.
In festen Händen. Komödie. Brünn: Winiker und Schickardt. No date.
Die Lügenbrücke. Schwank in einem Aufzug. Bühnenmanuskript. Berlin: Drei-Masken-Verlag, no date.
Das ältere Fach. Lustspiel in einem Akt. Bühnenmanuskript. Berlin: Drei-Masken-Verlag, no date.

4) *Feuilletons in the Neue Freie Presse by Raoul Auernheimer concerning Arthur Schnitzler*

"Der Umschwung," 26 January 1908, 1-3.
"Der Weg ins Freie," 3 June 1908, 1-3.
" 'Liebelei' und 'Komtesse Mizzi'," 10 January 1909, 1-3.
"Der Ruf des Lebens," 12 December 1909, 1-4.
"Der Anatol," 6 December 1910, 1-2.
"Schnitzler-Abend im Deutschen Volkstheater," 11 February 1912, 1-3.
"Arthur Schnitzler," 12 May 1912, 1-3.
"Doctor Gräßler, Badearzt," 4 September 1917, 1-3.
"Arthur Schnitzlers neue Komödie 'Fink und Fliederbusch'," 15 November 1917, 1-3.
"Professor Bernhardi," 24 December 1918, 1-3.
"Schnitzlers 'Reigen' auf der Bühne," 2 February 1921, 1-3.
"Arthur Schnitzler zum sechzigsten Geburtstag," 12 May 1922, 1-3.
" 'Komödie der Verführung' von Arthur Schnitzler," 12 October 1924, 1-3.
" 'Der Schleier der Beatrice' von Arthur Schnitzler," 24 May 1925, 1-3.

148

" 'Die Frau des Richters'," 25 November 1925, 1-3.
"Gouvernanten-Roman. 'Therese' von Arthur Schnitzler," 22 April 1928, 1-3.
"Drei Einakter von Arthur Schnitzler," 4 February 1930, 1-2.
" 'Der Gang zum Weiher' von Arthur Schnitzler," 17 February 1931, 1-3.
"Arthur Schnitzler im Bilde seiner Zeit," 25 October 1931, 1-3.
" 'Anatol' im Akademietheater," 2 February 1932, 1-3.
"Dichter und Philosoph," 1 May 1932, 1-3.
"Der junge Medardus," 8 May 1932, 1-3.

5) Selected Additional Feuilletons by Raoul Auernheimer

"Arthur Schnitzler Philosophe," *Revue d'Allemagne,* Vle Année, 55 (15 May 1932), 424-430.
"Arthur Schnitzler und das Wiener Theater," *Moderne Welt,* III. Jahrgang, Heft 12 (1922), 7-9.
"Arthur Schnitzler zu seinem sechzigsten Geburtstag," *Die Neue Rundschau,* 33 (1922), 499.
"Ausseer Herbstzeitlosen," *Neue Freie Presse,* 15 September 1934, 1-3.
"Ausseer Sommer," *Neue Freie Presse,* 27 July 1915, 1-3.
"Begegnung mit Theodor Herzl, (Anläßlich des bevorstehenden 25. Todestages)," *Neue Freie Presse,* 31 March 1929, 1-3.
"Bekenntnis zum ewigen Wien," *Die Presse,* 17 January 1948, 1-2.
"Berliner Gäste," *Neue Freie Presse,* 29 June 1907, 1-2.
"Der Wiener," *Neue Freie Presse,* 31 October 1935, 1-2.
"Erinnerung an Theodor Herzl," *Neue Freie Presse,* 30 August 1914, 1-3.
"Erinnerung an Theodor Herzl," *Neue Freie Presse,* 31 March 1929, 1-3.
"Das Feuilleton," *Die Presse,* 25 December 1947, 3-4.
"Gedächtnisstunde für Hugo Wittmann," *Neue Freie Presse,* 11 February 1933, 1-2.
"*Der Herzog von Reichstadt* im Burgtheater," *Neue Freie Presse,* 3 October 1926, 1-3.
"Herzls *Feuilletons,*" *Neue Freie Presse,* 9 December 1911, 1-2.
"Hugo Wittmann," *Neue Freie Presse,* 8 February 1923, 1-3.
"Österreichische Literatur (Das Gewissen Österreichs)," *Austrian American Tribune* (April 1945), 7-8.
"Reinhardt," *Neue Freie Presse,* 15 May 1910, 1-3.
"Society and Literature. Two Premieres at the Burgtheater." [Hans Sassmann, "House of Rothschild" and Arthur Schnitzler, "The Way to the Pond"], *Theater Arts Monthly,* XV (May 1931), 406-409.
"Speidel im Feuilleton," *Neue Freie Presse,* 11 November 1930, 1-3.
"Theodor Herzl," *Neue Freie Presse,* 1 July 1905, 1-3.
"Unter dem Strich," *Neue Freie Presse,* 21 January 1936, 9.
"Wien und die Wiener," *Neue Freie Presse,* 8 April 1928, 1-3.
"Wiener Theater in New York," *Aufbau,* 12 January 1940, 9-10.

6) Selected List of Secondary Sources

ALLEN, RICHARD H. *An Annotated Arthur Schnitzler Bibliography*, Chapel Hill, 1966.

Anonymous. "Dr. Auernheimer, Viennese Author and Playwright," *The Sun*, *Baltimore*, 21 March 1941, 6.

BAREIKIS, ROBERT. "Arthur Schnitzler's 'Fräulein Else': A Freudian Novella?" *Literature and Psychology*, 19, No. 1 (1969), 19-32.

BENEDIKT, ERNST. "Gedenkwort an Raoul Auernheimer," *Die Presse*, 12 January 1948, 3.

BORKENAU, FRANZ. *Austria and After*. London, 1938.

BURDACH, KONRAD. "Wissenschaft und Journalismus (Betrachtungen über und für Hermann Bahr)," *Preußische Jahrbücher*, 193 (1923), 17-31.

DAVIAU, DONALD G. "Raoul Auernheimer — In Memoriam." *Modern Austrian Literature*, 3 (Winter 1970), 7-21.

ESHLEMAN, LLOYD W. "Prince Metternich: Statesman and Lover," *New York Times Book Review*, 8 December 1940, 5.

GRENZMANN, WILHELM. "Aphorismus"; in Merker-Stammler, *Reallexikon*. Berlin, 1955.

GRONER, RICHARD. *Wien wie es war*. Vollständig neu bearbeitet und erweitert von Dr. Felix Czeike. Wien, 1965.

GUERARD, ALBERT. "Prince Metternich: Statesman and Lover," *New York Herald Tribune Books*, 17 November 1940, 28.

HOLZER, RUDOLF. "*Raoul Auernheimer*," *Die Presse*, 8 January 1948, 3.

JOHNSON, HAL. "New American Citizen," *Berkeley Daily Gazette*, 28 December 1944, 4.

KLEIBER, O. "Raoul Auernheimer," *Baseler National-Zeitung*, 12 January 1948, 1.

KRAUS, KARL. *Die Fackel*, 69 (1901), 1-14.

—. "Harakiri und Feuilleton," *Die Fackel*, 347-371 (1912), 75-84.

—. "Hans Müller im Frieden," *Die Fackel*, 557 (1920-1921), 49-57.

—. "Nestroy und das Burgtheater," *Die Fackel*, 676-678 (1925), 1-40.

LOTHAR, ERNST. "Ein wahrer Österreicher. Zum 10. Todestag Raoul Auernheimers," *Die Presse*, 8 January 1958, 5.

—. *Das Wunder des Überlebens*. Wien, 1960.

LOTHAR, RUDOLPH. *Das Wiener Burgtheater*. Vienna, 1934.

LUDWIG, EMIL and HENRY B. KRANZ, eds. *The Torch of Freedom*. New York, 1943.

MAUTNER, FRANZ A. "Der Aphorismus als literarische Gattung," *Zeitschrift für Ästhetik und allgemeine Kunstwissenschaft*, 27 (1933), 132-175.

—. "Der Aphorismus als Literatur," *Deutsche Akademie für Sprache und Dichtung, Jahrbuch*. Darmstadt, 1968.

MENDELSSOHN, PETER DE. *S. Fischer und sein Verlag*. Frankfurt am Main, 1970.

NADLER, JOSEF. *Literaturgeschichte Österreichs*. Salzburg, 1951.

NAGL-ZEIDLER-CASTLE, *Deutsch-österreichische Literaturgeschichte.* IV. Wien, 1937.

NEUMANN, GERHARD und JUTTA MILLER. *Der Nachlaß Arthur Schnitzlers.* München, 1969.

NOLTENIUS, RAINER. *Hofmannsthal—Schröder—Schnitzler: Möglichkeiten und Grenzen des modernen Aphorismus.* Stuttgart, 1969.

REY, WILLIAM H. *Arthur Schnitzler — Die späte Prosa als Gipfel seines Schaffens.* Berlin, 1968.

ROLLETT, EDWIN. "Abschied von Auernheimer," *Wiener Zeitung,* 10 January 1948, 2.

ROSNOVSKY, KARL. "Erinnerung an das alte Österreich. (Raoul Auernheimer und Stefan Zweig)." Diss. Wien, 1950, 132-175.

STEFAN, PAUL. "Österreichisches Theater in New York," *Baseler National-Zeitung,* 16 May 1941, 3.

TREBITSCH, SIEGFRIED. *Chronik eines Lebens.* Zürich, Stuttgart, Wien, 1951.

URBACH, REINHARD. "Karl Kraus und Arthur Schnitzler. Eine Dokumentation." *Literatur und Kritik,* 49 (October 1970), 513-530.

—. *Arthur Schnitzler.* Velber bei Hannover, 1968.

ZOHN, HARRY. *Wiener Juden in der deutschen Literatur.* Tel Aviv, 1964.

ZWEIG, STEFAN. *Die Welt von Gestern.* Wien, 1952.

151

156

157

www.ingramcontent.com/pod-product-compliance
Lightning Source LLC
Chambersburg PA
CBHW030035030726

47500CB00001B/123